U0361609

悟商

张瑞海 著

清华大学出版社
北京

内 容 简 介

　　本书作者作为思想新颖、理论与实际结合的"悟商"哲学思考方法的发现者、实践者与推崇者，将老子《道德经》思想融会贯通，并应用于生活、养生、企业管理等方方面面的实践中，具有开创性。本书结合"无"的思想与"有"的实践深度知行合一的思想理论，全面阐述了"悟商"对无论是社会中普通的人的日常生活，还是企业的管理者进行日常管理，都具有重要的指导作用。

　　什么是"悟商"？我们为什么要有"悟商"？我们要怎样才能提高"悟商"？怎样才能用"悟商"指导我们的生活实践？这本书将会告诉我们答案！

图书在版编目（CIP）数据

悟商 / 张瑞海著 . —北京：清华大学出版社，2017（2020.9重印）
ISBN 978-7-302-47485-2

Ⅰ.①悟… Ⅱ.①张… Ⅲ.①人生哲学－通俗读物 Ⅳ.① B821-49

中国版本图书馆 CIP 数据核字（2017）第 142048 号

责任编辑：杜春杰
封面设计：刘　超
版式设计：楠竹文化
责任校对：何士如
责任印制：沈　露

出版发行：清华大学出版社
　　　　　网　　址：http://www.tup.com.cn, http://www.wqbook.com
　　　　　地　　址：北京清华大学学研大厦 A 座　　邮　　编：100084
　　　　　社 总 机：010-62770175　　　　　　　　　邮　　购：010-62786544
　　　　　投稿与读者服务：010-62776969, c-service@tup.tsinghua.edu.cn
　　　　　质量反馈：010-62772015, zhiliang@tup.tsinghua.edu.cn
印 装 者：涿州汇美亿浓印刷有限公司
经　　销：全国新华书店
开　　本：147mm×210mm　　印　　张：5.75　　字　　数：137 千字
版　　次：2017 年 8 月第 1 版　　　　　　印　　次：2020 年 9 月第 5 次印刷
定　　价：49.80 元

产品编号：074330-02

百悟归一悟，一悟生百悟

中国联通筹建者之一、前副总裁、前董事　余晓芒

我的朋友"当代字圣"萧启宏老师在其潜心二十余年研究汉字著成的扛鼎之作《汉字世界》中对"悟"这个汉字做了以下解读："悟"字，从心从吾。"悟"音通"无"，有无混成。只有从内心体验中，才能明白宇宙万物、有无混成的道理。人的生命是宇宙生命的一部分。明朝理学家王阳明（即王守仁，中国古代伟大的思想家之一）创立"心学"，提出"吾心便是宇宙，宇宙便是吾心"的著名论点。

悟性思维是中华民族具有的与西方不同的极为重要的文化思想品格，中华民族的儒、释、道是绝对超凡的悟性思维水平的集中体现，而悟商则是对悟性思维水平高低的评价。瑞海倾力研究的"悟商"，是他悟思（悟性思维的缩写，下同）与创业十多年来艰难历程的写照。世界与市场竞争的本质是人的思想力的竞争，悟性思维是强化中华民族思维的基本要素。

改革开放以来，与中华文化有着天然联系的互联网文化大潮汹涌澎湃地催生了一批批互联网精英，他们不仅为世界绝无仅有的中国创造的长期高速发展奇迹做出了巨大的贡献，而且正在创造互联网时代的中华新型大道文化。

瑞海在福建农林大学毕业前后就研读了众多企业和企业家的发展史，并进行各类企业家在不同场景下的复盘分析、虚拟实践，归纳总结了他们在各种不同企业实践中的成功经验与失败教训。2004 年大学毕业工作后，经过四年多跌撞滚打的他在而立之年开始踏上了艰辛的创业之路。之后四年，他创办的企业从全国通信行业众多企业中脱颖而出。

　　我与瑞海都对国学经典《道德经》情有独钟，这种缘分使我从2013年开始和他一起在"悟商讲堂"（2010年创办）上与百悟公司全体员工结合其企业实际进行学习《道德经》的思想互动，大家在思想交流碰撞中提高了悟思与创新的能力，我与瑞海也成了忘年交。参加"悟商讲堂"学习的四年多来，始终有一个问题在我脑海中萦绕："究竟是什么因素使瑞海的创业这样奇特？"结合本书的诞生，我的思考终于有了答案。

　　一、天下为公、同舟共济的企业文化

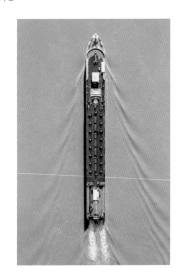

　　瑞海幼童时期家境贫寒，但是儿时家乡的助人为乐文化对他的影响相当大。由此，瑞海在他创办的百悟公司中首创了"全员贡献功劳奖励机制"。每年年终，公司将大部分利润用于员工分红，同时，按照科学公平的工作功劳大数据分配机制保证了全体员工都能够根据自己的客观功劳贡献获得公平公正的分红回报。这样，公司的每个人都具有主人翁意识，觉得自己是岗位上的 CEO，生存在百悟公司这个利益共同体中。

　　二、锤炼雄健的体魄和坚持不懈、不遗余力的拼搏奋斗精神，从而使企业行为达到极致

　　回顾中国古代历史，当时的中国，是一头屹立在地球东方的强壮

勇猛的雄狮；再看如今，在互联网构建的网络空间时代，风流人物当数层出不穷的一批批互联网英雄。

三、精准的数字化可靠性管理

瑞海根据对众多企业各种经营失败场景的分析及虚拟实践的总结，他设计了一套防微杜渐、防患于未然的企业经营管理方法及内部管控制度。另外，他结合大数据分析各项业务的发展态势及每个员工的工作与生活状态，及时抓住市场机会率先创新并重奖有贡献的员工。

四、注重思行融一的虚拟实践是成功的关键

瑞海2004年毕业参加工作后不久，就发现了"悟商"，这属于"生"与"学"兼有的原因。王阳明的"知行合一"实质是"思行融一"。王阳明说："行之明觉精察处，便是知；知之真切笃实处，便是行。若行而不能精察明觉，便是冥行，便是'学而不思则罔'，所以必须说个知；知而不能真切笃实，便是妄想，便是'思而不学则殆'，所以必须说个行；元来只是一个工夫。"思路决定出路，今天用大数据思维克服新时代事物发展的不确定性和不可逆性就能够科学地生成思路。

五、"悟商"是聚融灵商、智商、图商和情商的升华

一本名为《生命的跃升》的书探讨了从四十多亿年前地球的诞生到生命意识逐步产生的历史。我与瑞海讨论后，一致认为今天存在有思想意识的人类应追溯到137.2亿年前的宇宙大爆炸，地球上的人类

是宇宙演化生成过程中具有代表性的最复杂、最高级的数字信息化的智慧生物之一。感觉、直觉是宇宙演化出的动物神经系统本能，也是人的智感、图感、情感的基础。地球上除人类以外的动物主要是以图感来感知世界的，但是在大数据互联网时代的今天，地球上最高级的数字信息化的智慧生物——人，关键处却仍需要唤醒自己脑神经系统中百分之四十感知图像的神经细胞，要发展图像算法语言、大数据图像技术。而悟商是在情感的催化下，智感与图感相融合的升华，由此可知，具有悟性思维的中华民族前途无量。

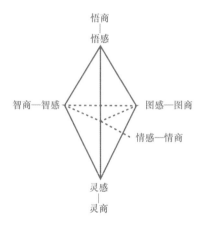

四年多来在"悟商讲堂"结合《道德经》进行思行融一的互动互学的浓郁氛围中，我体验到"百悟归一悟，一悟生百悟"。这个"一"就是《道德经》的卓绝的悟思精髓："道法自然""天下万物生于有，有生于无""道生一，一生二，二生三，三生万物"。其间我不断认真学习和领会荣获 1967 年诺贝尔化学奖的德国化学家艾根所著的《超循环论》，该书是通过阐明生命是如何起源的化学实验总结出的规律而写成的，它使我理解到一个人如果希望产生非凡的创新思想，必须竭尽全力地实现无穷次思考和不断地层次跃升才是唯一之途。古语说"吾日三省吾身"，就算现在的人都能活 100 岁，我们一生当中的有效思考也不过是 10 万次啊。因此某一个人对某一个事物能不畏艰苦地进行一万次的悟思，他就一定是非凡之人了。我将自己对悟思的这样一种认识，定义为"万悟认知定理"。

【推荐序二】

一本人生启示录

北京福建企业总商会党委副书记、执行副秘书长　陈文育

《悟商》是一本发人深省、催人奋进的书，凝聚了作者对过往人生的深沉思考，对这个世界的观察和感知，对企业管理的经验总结，对下一代教育的顿悟与渐悟。它也是一本人生启示录，读完你会陷入深深的思考。

它的可贵之处：

一在于真。作者用平实的语言记录人生的感悟，见解精辟，深入

浅出，引人深思。很多案例来源于他过往几十年的人生，来源于他日常的企业管理。他毫无保留地将自己作为例子，真实、真挚地进行剖析，真诚、真切地分享给读者。

二在于心。文中所写皆是他的心灵思考、顿悟、渐悟，有他对人性的思考、对企业管理的思考、对健康养生的思考……读完此书，你能真切地感受到他的一颗炽热的心：用心、有心和热心。

三在于爱。作者用心创立"百悟科技悟商管理系统"，举办"悟商讲堂"，追求"客户、企业、员工、社会共成长"的经营目标，是为爱。他把"悟商"变成优秀的企业文化，与员工、客户共同学习、成长。他把自身的智慧情怀、人生感悟以书籍的方式奉献出来，分享给更多需要的人，何尝不是一种大爱？正如《道德经》所说："上德不德，是以有德。"作者正是以这样的方式奉献他的爱和德。

如果你是一个刚刚参加工作的年轻人，你应该读此书，它教你如何在逆境中成长；如果你是一个正苦恼于公司转型的企业家，你应该读此书，它教你如何化不利为有利，找寻突破点；如果你初为人

父母，你应该读此书，它教你如何正确看待生命的传递；不管你是谁，都可以读读此书，它教你如何强身健体，季节养生。

我，则认为，这不仅是一本书，也是人生启示录。

【 推荐序三 】

温故而知新，悟者为新

易宝 CTO 兼天创信用董事、首席技术官领袖峰会（CTDC）执行主席
《架构即未来》/《架构真经》译者　陈斌

　　张瑞海先生是一个热爱传统智慧的人。我和他有一个共同点，那就是都喜欢读古书。我读《孙子兵法》和《史记》，他读《道德经》和《冰鉴》。我是个技术人，把孙子的思想带入互联网技术和管理架构中，他是个企业家，把老子的智慧运用到企业管理上。

　　中国正处在一个千年未有的大变局中。从近代走向现代，从封闭走向开放，从儒家官僚制走向西方科学管理制。百年来，为了完成这一转变，我们经历数次天翻地覆的革命。每一次革命，都是对于自身

传统的深刻拷问，也都有剜骨疗伤的钻心疼痛。在这一过程中，我们也丢失了不少老祖宗的宝贝。我们变得过于物质，过于急功近利，过于技术理性。我们热衷于快、热衷于刚强、热衷于大干快上，忘记了慢的功用、柔的艺术、细水长流的自然之道。

瑞海作为一个驰骋商海十几年的大忙人，却始终未停止对于人生和事业的思考。他在工作之余，从传统经典中找到了映照当代的思想财富，并运用到管理实践之中。他不仅以身作则，践行《道德经》《冰鉴》《菜根谭》中的智慧，还鼓励员工也亲近古典，增加领悟，让员工用传统智慧创造自己的成就，增加幸福感。

温故而知新，可以为师矣。

从大量的思考和实践中，瑞海提出了"悟商"的新概念，作为一个被当代学者和管理者忽视的维度，他将其运用到了对人的品鉴之中。"悟商"考量的是一个人的灵性层面，是人对于自我和外界的反思，对于天、地、人和谐的追求，对于世俗成就和精神境界的平衡。从"悟商"这个角度出发，可以超越一个人的专业能力，从更高层面看到这个人未来的成就。

瑞海对于"悟"的追求，在我上次组织的龙泉寺论坛上体现无

遗。他不仅第一时间报名参与，而
且积极与法师对话，提出佛教的智
慧与老子的智慧有相通之处。他不
仅将老子的智慧运用到企业管理中，
也希望汲取佛教的精华，帮助自己
和员工在"悟商"上更进一步。

　　这本书，就是瑞海这么多年来，
在"悟"的道路上点滴积累起来的
成果。书中不仅有价值观，还有方
法论，可谓对"悟商"理论和实践
做出了全面的论述，令人印象深刻，油然钦佩。

　　在技术实践中，如果我们也有这样的"悟商"意识，想必能把架
构做得更周全、数据做得更精准、代码写得更完善。因为说到底，所
有的技术到了极致都是艺术，而要走向艺术，就必须提高自我的觉
知。悟商，就是达到这一点的重要指标。

　　没有"悟"，即使小有成就，也是不知其所以然，终将失之。有
了"悟"，即使虎落平阳，也能笃定自己的方向，东山再起。

　　没有"悟"过的人，容易随波逐流，以自我为中心，一叶障目，
患得患失。而"悟者"，心有光明，胸怀天地，不以物喜，不以己悲。

　　真正有大成就者，需要的不仅仅是智商和情商，更是悟商。因
此，我真诚地向大家推荐此书，希望大家都能有所收获，成就各自的
事业和人生。

【自序】

　　2004年在海南这个天涯海角的地方，百悟一悟，我突然发现了"悟商"。经过十多年来千百万次的思考感悟，"为道日损，损之又损，以至于无为"，我将所思所想所悟汇聚成此书，欢迎大家提出更多批评斧正的宝贵意见。

　　"天下万物生于有，有生于无"，从无到有进化而来的人类，充分发挥主观能动性，发扬智慧，道法自然，从0到1，开疆拓土，不断创造

运行万物互联的生态宇宙。变是万物不变的规律，随着宇宙的发展变化，人类要知行合一，提前"病病"，利用"弱者道之用，反者道之动"来反转，每天比别人更努力一点点，比昨天的自己更努力一点点，永无止境地改变自己，日益变革，日益进步。

"上善若水，水善利万物而不争"，自古以来，厚德载物，我们要怀有敬畏之心，要懂得感恩，"以慈卫之"；天地之间不过三尺距离，遇事要懂得弯腰，要懂得低头承受生命之重，"古之所谓曲则全者，岂虚言哉！诚全而归之"。

目录

悟／商／说／解

何为悟商

悟一商一修一炼

天下为公的态度

悟／商／强／身

雄健体魄

悟／商／应／用（一）

三生万物的企业创生论

悟／商／应／用（二）

思行融一

悟商

悟｜商｜说｜解

何为悟商

引言

　　我们每个人或许都曾苦于自己的智商并不超群，对实现梦想因力有不逮而感到苦恼；又或许因情商不够而碰壁，对未来不敢抱有过多期望。而在诸多的成功学、心灵鸡汤面前更是体验到"听过那么多道理，却依然过不好这一生"。其实，对于这些有限的天赋、生活的经历以及"拿来"的经验，我们缺少的是一种整合的能力，像是面前摆着一堆散乱的零件，我们却不懂如何去组装，反而总是埋怨自己的装备不够强大。本章中，我将全面介绍这样一种能力——悟商，它能帮助我们整合这些散乱的零件，使之成为人生的强大装备。不管我们天赋资质如何、有着怎样的经历，只要我们拥有一颗想改变自己的心，并愿意为之努力，就能够通过不断提高悟商来达到自己的目标，影响自己并改变人生。

何为悟商

悟性是中华民族由来已久的突出的文化品性，这在儒释道的思想中早有精粹的体现。仅举儒家的"吾日三省吾身"、王阳明"知行合一"的心学智慧，便是明证。悟性水平的高低可以用"悟商"来度量。

悟商是一个人对客观世界一切现象的理解和反省程度。真正的理解是看透客观世界的本质，而要看透客观世界的本质就必须如《论语》中曾子所言"吾日三省吾身"，通过反省才能够把现象背后所蕴含的本质规律作为一个经验和教训映射到自己身上，使之成为自身的一种品质。

悟商是主动去感受体验并积极领悟这个世界，它涵盖了人对一切事物的理解，并通过刻苦的真实实践或虚拟实践提高感受世界万象的能力。

悟商是一项对研究客观事物的相关要素进行有序重整的十分重要的能力。悟商高，人对客观世界的理解程度就高；悟商低，人对客观世界的理解程度就低。人的一生能够取得多大成就，取决于人对客观世界的理解和反省程度，即悟商的高低。悟商越高的人越容易取得成功，但很少有人知道如何提高悟商。

本书将会告诉大家如何提高自己的悟商，改变自己的命运。

悟商之能

那么，悟商有什么样的作用呢？

生活中，为什么拥有智慧的人很多，但只有少数人获得了成功？为什么无数人都曾经拥有迈向成功的机会，而只有少数人抓住了机遇，并最终实现了自己的梦想？为什么同样的学历、同样的发展平台，而有的人不断升迁，有的人却一辈子碌碌无为……问题背后的答案，其实非常简单，那就是悟商的高低不同。它对于一个人的成长和发展起着非常关键的作用。

悟商是人生的一大智慧，是智商、情商等各种商的融合和升华。决定一个人成功与否的关键因素不是智商，也不是情商，而是悟商。智商只是代表了人对客观物质世界的理解程度，情商也只是代表了人对人类情感世界的理解程度，智商和情商都可以通过提高悟商来提高。提高悟商，就是要提高感受、体验这个世界的主动程度。人在领悟客观世界的过程也就是在思考，只要主动去观察和感知这个世界，从身边的事情得到启发，积累优秀经验或吸取失败教训，就可以在这种实践中使智商和情商得到进步和提高。

困在孤岛十年的人会因为很少动脑而失去智力，童年时智商很高的人会因为后天开发不足而在长大后一事无成。"三日不见，当刮目相看"，有人不断地进步，也有人不断地退步。进化论表明自然与社会始终遵循优胜劣汰的规则。人类由猿进化而来，100个猿人也许只有一个能进化成"人"，但在提高自身素质的时候，却不可能有100个"我"同时提高来取优胜者。悟商里最重要的一点就是领悟主动性，即使一个人的智商刚开始只有80，只要他积极主动去领悟，不断使用大脑，慢慢地他的智商就可能突破80，达到100、120或150，甚至更高。

悟商高的人不仅可以从大自然的一草一木、高山流水中获得领悟，也能从人类社会的一点一滴、盛衰兴废中得到启示。其实，社会就是一所最大、最深奥的大学，这也是为什么有的人没上过大学却能够比受过高等教育的人取得更大成就的原因。

一、悟商能瞬间吸收

世界上有很多优秀的实践经验，如果悟性高，当我们看到别人的优秀品质或实践经验时，就能瞬间启动大脑进行领悟、消化和吸收。我们只有领悟并吸收了这些实践经验的本质，才能够将其灵活加以运用，就像金庸先生的小说《天龙八部》中段誉的"北冥神功"，吸入别人的内力化为己用。

二、悟商能去芜存菁

在现实中，我们用"北冥神功"吸收的应该是对方的优点和长处。世界上没有哪一个人的能力可以强大到不用再学习他人的长处或吸纳他人的优点。我们要敞开大海般宽广的胸怀，乐于发现他人优于我们的地方，学习并吸纳到我们身上。同时要强化过滤功能，以他人为参照，摒弃缺点，弥补短处。如此，我们将变得更加优秀、更加强大。

多赞赏他人的优点，多反省自己的缺点；少计较他人的缺点，少得意自己的优点。只有如此，才能静心地从他人身上学习到优秀的闪光点，同时又可以与对方和谐共处；才能保持高度的自省，及时改正自身的缺点。

|三、悟商能开发潜能

普遍的观点认为，人类社会为获得能量而燃烧的煤炭、石油、天然气是世界上浪费最大的资源，然而人们往往忽略了自身，其实，浪费最大的资源是"人"。

人的潜力究竟有多大，多数人恐怕自己也弄不清楚。现代医学心理学认为，由于各种复杂的内部和外部原因，人的大脑机能存在着一种抑制机制，使人们长期难以察觉自己的能力。只有在意想不到的强刺激条件下，这种抑制被解除，蕴藏在人体内的潜能才会突然爆发出来，产生一种神奇的力量。

人类使用的力量只不过是自己真正潜在实力的冰山一角，而冰

山下的潜力究竟有多大，谁也不知道。假若能够完全激发出一个人的潜力，那么哪怕一个很平庸的人也会成为各行各业优秀的成功者。

悟商的培育可以引导人挖掘自己的潜能。人们通过提升悟商能力，可以更好地了解自己，帮助自己战胜惰性，解除大脑中的抑制，激发潜能的开发。

四、悟商能穿透未来

自然客观规律是不以人的意志为转移的客观世界的规则，是事物运动过程中固有的、本质的、必然的、稳定的联系。人类社会亦是遵循客观规律在发展变化。如果我们能够透过现象发现本质，悟透客观世界的发展变化规律和内在联系，就能预见事物发展的趋势和方向，

从而主动去顺应事物发展趋势；如果我们能积极去适应事物变化规律，并结合个人的实践特点制定合乎客观实际的行为措施和策略，做到知行合一，那么我们便能看透未来，事半功倍。

掌握一成不变的知识信息不如掌握事物不断流动变化的趋势，只有掌握规律才能掌握趋势，看透未来。而要掌握规律，则离不开悟商。悟商是人们对客观世界一切现象的主动理解、主动反省、主动领悟的能力。

悟商是无形资产累积的过程

一个人的总资产 = 有形资产 + 无形资产。

有形资产，是指房子、车子、金钱等可以形象统计出来的资产。无形资产，是指个人的悟商修养，包括对世界的理解、规避失败及获得成功的方法、能够吸引到优秀人才的能力等。

太多的人只看重表面的有形资产，而忽视了自身和他人的隐性的无形资产，这是急功近利的行为。悟商越高，个人的无形资产就越多；悟商越低，个人的无形资产就越少。世上有很多人的有形资产很少甚至为负，但总资产却很多，因为他们的无形资产高。这就是为什么有"衣锦还乡""一夜成名"等人生前后反差巨大的社会现象存在的原因。也许有的人现在无车无房，租住地下室，成为"蚁族"，甚至一贫如洗，孤苦伶仃，但如果他们发奋图强，主动观察、刻苦思考他人的失败教训和成功经验，积累丰富的思想与经验，那么一旦抓住机会，他们就能迅速将无形资产转化为有形资产。

有些人却并不追求物质利益，而是将无形资产转化为积极正面的影响力。他们选择清贫的生活，将毕生精力用于造福人类的事业，他们的学识思想深深影响着世界，受到广泛的尊重。著名数学家陈景润先生，居六平方米小屋，借一盏煤油灯，以床板为案，用一支笔攻克了世界著名数学难题"哥德巴赫猜想"中的"1+2"，对世界数学做出了巨大贡献。因此，并不是有形资产多才是成功，真正的成功是我们对于这个世界的贡献——可以是有形的，也可以是无形的精神财富和积极正面的影响力。

践行悟商的
杰出代表——曾国藩

晚清四大名臣之首的曾国藩是践行悟商的杰出代表。他原本天赋不高，六岁入塾读书，前后考了七次才以倒数第二的成绩考上秀才；二十四岁中举，连续参加了三次会试才考中同进士。同时期的名臣大儒中，他的天资最不出众。左宗棠就曾评价他"欠才略""兵机每苦钝智"。他的学生李鸿章曾当他的面称他"儒缓"，说他做事反应太慢。

虽然他资质平庸，年轻时也浮躁，性格上也有很多常人身上普遍具有的缺点和毛病。但是他痛改反省，立志自新，自我修炼，通过主观努力改变了自己，从而改变了人生。

为明志自省，他将自己的号改为"涤生"，所谓"涤"意为洗涤过去不好的东西，"生"就是重新获得新生。"从前种种譬如昨日死，以后种种譬如今日生",表明了他告别过去、改变自己的决心。

为持之以恒,他通过每天写日记的方式来鞭策自己,把自己每天的所思所想、所作所为都记录下来,时时、处处检讨自己,深刻反省,并告诫自己以后该怎么做,促使自己每日进步,严格自律。他秉持着洗心革面的决心,做自己灵魂最严厉的审判者。几十年如一日,这个习惯一直保持到他去世的前一天。

曾国藩之所以能够脱胎换骨,成为青史传诵学习的大家,是因为他有自我思考的恒心及磨炼自己的坚定意志。他深知自己有很多缺点,但是他懂得在日常生活和工作中吸取教训,犯了错能马上通过总结反省悟出道理,并付诸行动改变完善自己。他的一生始终在对自己的肉体和心灵进行无休止地革旧和洗新。

我们大多数人都资历普通,无法比拟单纯依靠天赋取得成功的人,所以想要取得成功,就必须要有曾国藩这样的悟商。改易品性的难度很大,那我们应如何去培养自己的悟商呢?自古理学就认为每个人都有圣人之志,都可以通过自我磨炼成为圣人。而自我磨炼总比从父母那里遗传一个好的天赋要容易得多。从当下开始,如果我们立志改变自己,改变思考事物的方式,提高思维主动性和自律性,锻炼自己的领悟力,培养苦行僧的精神,只要有决心和毅力,我们就一定可以改变自己,从而改变命运。

悟商改变了我

　　五岁时母亲问我将来要做什么，我回答以后要开着拖拉机带爸妈到北京去奋斗（那时家乡只有拖拉机），而今这个梦想已经实现了。依稀记得我小学时成绩不好，第一次考试只得了 8 分，以那时的水平看，我的前途将是一片黑暗，很难想象有上大学及后来投身"互联网 +"、"物联网 +"、云计算、大数据、人工智能的全球企业通信全产业链的机会。虽然直到今天，我自认为还没有取得多大的成功，但过去的经历都在表明，我一直在进步。

　　一个人要想成功，除了要拥有理想和树立目标外，还要先看清自己的缺点，拥有积极的心态。"虎瘦雄心在，人穷志不短"，越是艰苦的人往往越会用尽气力想方设法改变眼前的一切，而可能越是富有的人，因为已经拥有财富，往往越没有动力去拼搏。"三十年河东，三十年河西""富不过三代，穷也穷不过三代"在一定程度上阐释了这个道理。一个人不能因为还没有获得成功就怨天尤人，埋怨幸运女神没有眷顾自己。"行有不得反求诸己"，没有取得成功更大程度上是因为你还没有具备成功所应有的诸多条件。当你看到成功的人抑或是比你更为出色的人，你就要分析跟他们相比自己还缺少什么条件，列出各种困惑因素，思考修行之道。

每个人身上都有很多缺点，发现缺点容易，关键是能不能做到立即改正。如果一个人知道自己的缺点而不去改正，那就是世界上最悲哀的事情之一。有些人一遇到牛粪鸟粪粘在衣服上，就着急要把它们清理掉，然而对自己思想上的缺点却视而不见，不去反思改正。其实，思想的缺点远比牛粪鸟粪更为可怕，因为牛粪鸟粪只是粘在衣服上，而缺点却是粘在人的灵魂里。虽然骨子里的东西不是一下子就能改掉的，但只要告诉自己不要再按照以前的方式去做，马上行动起来，持续重复地坚持改造下去，就仍然是可以改变并提升自我的。

社会各行各业的成功人士之所以可以成为成功者，是因为他们越是遇到困难的事情，越是有信心。悟商就是这样一种心理磨炼，它是成功的决定因素。人的心理具有一种神秘的力量，强烈的愿望可以产生行动的动力，这是伟大的成就所必需的。

播下一个行动，收获一种习惯；播下一种习惯，收获一种性格；播下一种性格，收获一种命运。

提高悟商需要循环再循环

悟商提倡的是一种方法，关于如何开阔胸怀、学习吸收、去芜存菁、开发潜能、看透本质、掌握趋势的方法。它的高低取决于每个人发动大脑勤于思考的主动性。悟商修炼提高的过程，智商和情商也会随之得到提高。

那我们应如何提高自己的悟商呢？道生一，一生二，二生三，三生万物，万物又归一。因此，悟商要通过循环、循环、再循环，通过不断实践来提高。例如，当我们听到一段非常独到的话时，就要去思考话里所蕴含的逻辑，不仅要去想为什么自己没有想到，它在哪些场合也可以运用，更要去想是否从另一个角度阐释更优。这就需要一连串的条件反射般的反思和领悟，不断循环。如果你还没有这样做，那么，从今天起，强迫自己学会感悟、懂得反思、巧妙实践。只要你想，只要你做，只要你坚持，就能提高悟商。

提高悟商要永无止境地探索

如果问人生是什么？我想，人生是一场马拉松。因为迷茫而孤独，因为孤独而求索，因为求索而宁静，因为宁静而致远，悟商正是这样一场孤独却不断向前的探索修行。

在生活中，一个人想要提高化不利为有利的生存能力，就要时刻加强学习与思考悟商的能力。天才只是天赋相对比较高，觉醒者却可以通过长期与自然规律产生深度的共振而开悟。一个天赋起点低的人觉醒后，若能长期持续进步，最终天赋能达到很高，人与天地融为一体，思想意识与宇宙万物产生共鸣，就可以到达高远的境界。

十年，一个人可以从青年成长为中年，从中年成长为老年。而对于企业来说，十年时间若离开创新，则足以让一个企业消逝；若深度拥抱创新，则可以让一个企业最终找到发展的拐点。世界万物无时无刻不在变化，市场风云同样瞬息万变，任何一个社会组织故步自封、安于稳定，就意味着死亡。我一直坚定地认为，这个残酷竞争的世界，能力是一方面，永不放弃的毅力其实更重要。当你相信创新的改变，并且愿意永无止境地追求，那奇迹就会逐渐出现。正如一位同事曾经说："之前不相信企业采购及企业服务这些创新业务能成功，但不知不觉这些创新业务发展了两年，我却越来越觉得它们拥有无穷的潜力。"也许，质疑容易，相信并永无止境地探索难。

时间是最可怕的，可以让一个人精神崩溃；时间也是最美好的，因为当你用更长的岁月去丈量、去回首，这些可以把一个人击溃的片刻就会如同一部经典电影那样令人难忘。人生很长，正因为很长所以才有很多的烦恼；人生很短，正因为很短所以才有很多的欢乐；人生很苦，正因为很苦所以才有甘甜。人生就是一场朝着远方坚定目标一路永不放弃奔跑苦行的历程。

悟商要学会感悟

感悟来自于人们对于特定事物或亲身经历所产生的感想和体会，或渐悟或顿悟，或隐藏或彰显。人们正是通过不断地感悟逐渐完善着自己对人生、事物以及世界的看法。

感悟是对人生的深刻沉思，它可以让人从浅显的生活现象敏悟出深刻的哲理；感悟是对事物的灵感一现，它可以让人不为表象所惑发现本质；感悟是对实践经验的总结升华，它可以让人处世练达从容自如；感悟是对世界的体悟理解，它可以让人明

礼知耻崇德向善，亦可以让人宁静致远乐观豁达。这是人生的一种智慧，也是一种修养。

| 一、感悟要从主动思考开始

爱因斯坦说过："一个人的真正价值首先决定于他在什么程度上和在什么意义上从自我解放出来。"他不止一次提出想象力的重要性："想象力比知识更重要，因为知识是有限的，而想象力概括着世界的一切，推动着进步，并且是知识进化的源泉。""提出一个问题往往比解决一个问题更重要，因为解决一个问题也许只是一个数学上或实验上的技巧问题。而提出新的问题、新的可能性，从新的角度看旧问题，却需要创造性的想象力，而且标志着科学的真正进步。"想象力来源于千锤百炼的主动思考，思考是获得知识和想象力的基础。

1. 思考改变命运

北宋政治家、科学家沈括自幼好思考多钻研，当他读到"人间四月芳菲尽，山寺桃花始盛开"这句诗时，就产生疑问："为什么山下花都开败了，山上的桃花才开始盛开呢？"为了解开谜团，他上山实地考察。四月的山上，乍暖还寒，冻得人瑟瑟发抖。沈括茅塞顿开，原来是因为山上的温度比山下要低很多，所以花季才比山下来得晚。就是凭借着这种多思、求索的精神，除了我们所熟知的《梦溪笔谈》之外，沈括在数学、物理、化学、天文、地理、水利、医药、经济、军事、艺术等方面均有建树，著述22种155卷。

思考改变命运，思考的深度和力度决定了命运改变的程

度。哪怕多一点点思考，命运也会有所改变。思考越深，命运改变越大。悟商提倡的思考重在悟透事物的本质，总结规律和方法论，创造新的知识，通过灵活地运用实践，达到成功。

2.思考苦中作乐

"学海无涯苦作舟"，思考也是无止境的。如果不具备吃苦精神，就很难持续保持探索世界的好奇和饥渴状态，很难持续保持高强度的思考学习状态。悟商所要求的这种思考和学习的强度对于常人来讲有如炼狱。所以，我们每一个人需要克服懒惰和享乐的意识，强迫自己坚持再坚持，以苦为乐，久而久之，就能养成高强度的思考习惯。

二、感悟要从身边的一切开始

每一次感悟往往都是一次机遇，每一点点累积的感悟就是一种进步。多留意身边正在发生的一切，即使是细小的变化，微弱的脉动，也要用心感知和体会。

1. 感悟大自然

大自然蕴含了深奥的道理，人和大自然有许多相通之处。唐诗宋词中便有众多借物咏志、借景抒情的作品。

春思——春心莫共花争发，一寸相思一寸灰。

春寂——春潮带雨晚来急，野渡无人舟自横。

春愁——问君能有几多愁，恰似一江春水向东流。

人本就身处于大自然，是其中的一分子。而大自然无穷无尽的智慧和哲理，值得我们去探索和追求，从中获得启发。

2. 感悟哲学

老子早在几千年前就道出了：事物是有差异的，但差异并不等同于绝对斗争。"道法自然"，道是没有矛盾的，道的状态是利万物而不争。人世间所有事物（包括动植物及人类）的最高境界都是利万物而不争，然后才是事物的差异性。好斗之人把事物的差异性用来做斗争，和谐之人将事物的差异性用来利万物。

历史上的斗争或战争都使人类社会从一种不合理或不平衡的状态走向另一种相对合理或平衡的状态，进而走向最高社会的合理状态，即利万物而不争。任何斗争在造物主"利万物而不争"的自然法则作用下都不断走向更高的和谐。

3. 感悟杂志

例如《知音》这本杂志，它不只是一本人生故事书，更是人在生活中的一面镜子。这里记录的多是具有典型性、突发性和借鉴性的故事，与其他描述结果的杂志不同，《知音》中更多的是描绘过程。这使得读者身临其境，与故事一起跌宕起伏，所以容易使读者产生心灵的共鸣。这些故事反照出现实生活中的许多道理，或经历或教训，或感受或体会，我们都可以将其运用到现实生活中来。感悟，可以在阅读时随时记录感想和心得，并虚拟自己在这种境况下会怎么办。

4. 感悟小说

每一部小说里都描述了各种情节和形形色色、不同个性、不同能力的人物。很多人看小说只是简单地看热闹，没有去认真感悟其中的人物和情节，感受他们的感受、吸收他们的优点、避免他们的缺点。人们在快乐阅读之余，更要留心学习。

《鹿鼎记》作为一部社会综合小说，里面有很多地方，比如韦小宝的口才、社会的潜规则、如何做人做事等，值得我们去研究学习，尤其对于公司中的市场人员十分有益。认真读小说，相当于我们多"活"了一个人生。

5. 感悟游戏

有些游戏可以训练逻辑、应变、统筹等素质能力，提高我们的悟商。例如，玩火拼俄罗斯方块，可以训练应变能力与统筹能力；玩对对碰，可以训练观察力；打桌球，可以训练体育能力；下围棋和象棋，可以训练计策与统筹能力；打 CS，可以训练团队能力……

6. 感悟体育运动

越是关键时刻越要冷静，这是一般人难以达到的境界。伟大的篮球运动员迈克尔·乔丹就是越在关键时刻越冷静，所以经常在比赛快结束的时刻投中关键球，带领球队取得胜利。人在危急的关键时刻，越冷静就越能激发出潜力；若越急躁，则会自乱阵脚。就像野牛，力气很大，若它将力气用在耕田上，则能开辟荒土；若它发怒横冲直撞，则会坏事。

观看体育赛事同样能培养和锻炼遇事冷静的素质。比如观看奥运会中国队与其他国家队的比赛，这种比赛往往是看的人比参赛的人更紧张，这样的紧张恰恰是培养在关键时刻要冷静的好方法。这种情境下，要有意识地告诉自己不要紧张，控制心跳不要太快，要冷静，要沉着。诸如篮球、足球、羽毛球、乒乓球等比赛的最后时刻，在观看这些比赛的过程中，按这种方式来主动训练，督促自己冷静，久而久之，就能提高自己的冷静素质。

篮球、足球等运动让我们关键时刻要冷静并帮助我们锻炼意志和培养谋略；一级方程式（即 F1）赛车让我们体验生死时速的高度刺激；跳绳运动让我们锻炼全身的机能；跳水让我们锻炼意志力和忍耐力；登山让我们放松身心……从体育运动中多多感悟，也能提高悟商修养。

看似普通的足球运动，实际上是两支 11 人球队之间的终极对决，看起来仅仅只是 22 个足球运动员之间的比拼，但球场上传切球配合背后的本质则是一个球队精神层面团队协作、各方面技术能力的综合体现。球场上的每一次比拼都是双方球员之间永无止境、愈挫愈勇精神力的竞争，足球水平的高低不是运动员身强体壮就能取得胜利，而是取决于精神能力感悟的高低。人生是一场自己与自己的较量，一如足球运动员之间的角逐，看似有形的足球运动，实则是无形的运动员精神力之间的竞争。

金钱和物质是否能够磨砺出一个人伟大的精神和灵魂？金钱和物质是身外之物，唯有永无止境、永不放弃、艰苦奋斗的劳动才能够磨砺出伟大的精神和灵魂，精神和灵魂越强大，悟商修养能力越能不断提升。

悟商要懂得反思

　　反思是一种重要的思维方式，同时也是一种深刻的学习方法，更是悟商的要求。"学而不思则罔，思而不学则殆"，我们通过反思内省可以及时纠偏查错，加强思想品德修养，培养自主学习能力，养成自我反思自我教育的习惯，自觉地积极地进行理性思考，改善综合素质，挖掘潜能。

　| 坚持内省

　　《弟子规》中有言："见人善，即思齐，纵去远，以渐跻；见人恶，即内省；有则改，无加警。"深刻的自我反省是悟商的基本素质要求。

　　知识按获得的途径可以分为直接知识、间接知识和内省知识。直接知识是指自己在实践中亲身经历成功或失败所获得的知识；间接知识是指听人讲述或从书本间接得到的知识；内省知识是指由反思前述两类知识所得，是通过思考得到的"启示"，是"悟"出来的经验知识。

下面通过"丢手机"这个案例来说明如何通过直接知识和间接知识来获取内省知识。

假设今天你丢了一部手机，那么你是伤心还是开心呢？可能有人回答会伤心得捶胸顿足、茶饭不思；也可能有人会说"旧的不去新的不来"，表面开心。这两种回答都不是最佳的答案：第一种人属于赔了夫人又折兵——丢了手机还搭进去身体和心情，第二种也不过是阿Q精神胜利法。两者都没能做到"反省"，没有从丢手机的教训中得到启示。最优的做法是告诉自己要开心，因为自己又有了一个发现并改正缺点的机会。既然会丢失手机，那说明是你太大意，随意搁置手机，才让小偷有了可乘之机。知道问题所在，就要在头脑中进行虚拟实践，想出解决办法——之后要如何规避类似问题，遇到时如何应对——从而慢慢改掉自己大意的毛病，让自己养成认真仔细的好习惯。

以上就是通过直接知识获得内省知识的方法。通过自我反省亲身经历的失败，找到问题症结，看透失败的原因，提炼出本质，进而虚拟实践，这样今后就不会再犯该本质对应的错误。令人担心的是，很多人即使经历了很多次相同的失败或挫折，但却没有意识到要反思，从而一次又一次重复地犯着同样的错误。

同样是丢手机一事，不是你自己丢，而是你看到或者听说亲友、同事抑或是陌生人丢了手机，这时你是否会引以反省并虚拟实践，提炼他们丢失手机这个教训背后的逻辑本质，提醒自己不要去犯同样的错误呢？如果你做到了，这就是通过间接知识获取内省知识的方式。

如果非得自己亲自经历某个教训、某个失败才能明白其间的道理，那么损失的代价就太大；如果非得等自己遇到困难才去冥思苦想解决办法，那么成长的代价就太大。对间接经验的反省才是高级别的内省，也是较为经济的获得失败教训和成功启示的方法，更是帮助我们取得进步和成功的方法。借鉴并避免他人在我们所从事的领域犯过的错误，学习并吸收他人在我们所从事的领域总结的实践方法，可以让我们成为领域内更优秀更成功的人。

| 去除自恋

除了通过反省获取他人的实践方法外，还要去除自恋的心理。

自恋的人总是迷醉于自己的某些优点，而对别人的种种优点视若无睹；总是忽视自己的种种缺点，而对别人的缺点念念不忘。他们忽视自己的缺点，不去改正，故而得不到进步；他们只盯着别人的缺

点，专挑别人的毛病，因而招致别人的厌恶；他们只迷恋自身的优点，因此蹉跎岁月浪费生命；他们对别人的优点视而不见，所以无法及时吸取他人的优点，从而错过人间"精华"。

"学如逆水行舟，不进则退；心似平原走马，易放难收。"正确的做法是，我们应当经常反省自己的缺点，看到别人的缺点也应该反省自己有没有同样的缺点，有则改之，而不是当个笑料；应当学会忘记自己的优点，多看多学他人之长，让自己也具备他人身上所具有的优点，持续进步。

找回自信

也许有人会认为总去看自己的缺点，反倒会觉得自己一无是处，极易丧失生存的信心。这其实涉及的是面对挫折的心态。反躬自省就是让大家勇于正视自己的缺点，找到并改正缺点，相当于又前进了一

步，因此更应该开心自信。遇到挫折也是同样的道理，也即自身还有缺点才可能会遭受挫折。受挫使人寻求进步，因此更应该开心地从挫折中汲取进步的营养。

"金无足赤，人无完人"，每个人都曾做过一些错事，但我们一定要告诫自己"那是过去的我，现在的我不是这样的"。时间只能向前而无法倒退，即使曾经做过多少错事，走过多少弯路，那也都是过去式。这并不是要让我们忘记过去，而只是想说明万事万物都在不断地运动变化之中，"浪子回头金不换"，大可不必沉溺于过去的错误而无法自拔，我们完全可以改变自己。

悟商要巧妙实践

| 虚拟实践：不是实践，胜过实践

有太多的人对历史上的杰出的实践经验视而不见，每天都有人在重复历史上无数人犯过的错误。如果对已经发生的教训没有去学习改进、引以为鉴，对杰出的实践经验没有去吸收消化、博采众长，那么就难以有突出成就。

悟商提倡"虚拟实践"正是为了改变这一情况。首先，它要求对世界上已经发生的客观事件进行理解，提炼出其中的哲学本质、客观规律和注意要点；其次，在大脑中虚拟假设自己就是当事人，经历着当事人的实践案例，设想应如何处理；最后，进一步虚拟实践同一本质下的其他现象，以及这些现象的处理应对方式。虚拟实践虽不是实践，却胜过实践。

"虚拟实践"是悟商的精华理论之一，下面分享个虚拟实践的案例。

现象：麦当劳、肯德基的汉堡，不管是在哪家店，什么时间吃，至少在中国，味道都是一样的；而中餐，比如鱼香肉丝，几乎所有的饭店都有，但不同的店，不同的时间去吃，可以吃出上万种口味。

本质：抽象不应该依赖细节，细节应该依赖于抽象。

工作感悟与建议：在肯德基和麦当劳，有非常规范的工作流程，原料放多少，油温多少度，加热几分钟都有严格的规定，每个门店都必须按照这个规定来执行，所以我们吃到的都是一个口味；而我们的中餐却依赖于厨师，厨师则依靠经验和心情来处理细节问题，所以才产生了那么多的口味。同样，在我们的工作中有很多的细节，凭经验来处理细节是靠不住的，也不容易推广，我们要将每一个细节都体现到工作流程里，当细节出现问题时，只需要调整流程就可以了。

| 不可或缺的改造力

"江山易改，本性难移"，有一些缺点是祖祖辈辈遗留下来的类似天赋性的缺点，有一些是在经历了各种事情后日积月累形成的习惯性的缺点，它们根深蒂固，难以改变。但并不意味着一定不可改变，这时就需要我们战胜强大的内在阻力，吸收他人身上的优点，长期性地、重复性地、不间断地自我改造，付出非常人的艰苦努力，如此才有可能成功。记住，这世界没有战胜不了的缺点。

正因为人性的很多缺点并非一朝一夕形成的，所以妄想瞬间改变，那是不可能的。成功并不是那么容易，改变自己是一个艰难的过

程，所以我们应该以循序渐进的方式进行改变。

| 通过实践提高自身素质

时代日新月异，信息瞬息万变，万象涤故更新，抓住机会，迎接挑战，需要我们每个人不断地在成长中实践，在实践中学习、成长、完善。提高自身素质不是一蹴而就的，一时的积极进取，并不会有显著的提高和长足的进步。我们应该在虚拟实践的基础上，持之以恒地改造自我，不断培养自己成功的性格、学习的能力、沟通交流的能力、超前的意识、做人的智慧。

1. 培养成功性格

性格决定命运，不同性格会有不同的命运。有一种看法认为"性格是天生的，难以改变"。实际上，性格不仅是可改变的，还具有很强的可塑性。成功的性格是可以通过训练培养的，只要肯下功夫去改变。

成功心理学、行为科学在改变性格的过程中扮演了很重要的角色。人们如果拥有强烈的进取心、成功的信心、坚定的决心，并付出更多的努力，持之以恒，那么一定能够获得成功。不要埋怨生活中令你烦恼的事情，因为在解决这些烦恼的过程中往往蕴藏着一切可能的机会。

2. 培养学习能力

为了积攒智慧、开拓创新，我们要有意识地广泛阅读各类书籍，并把思考当作一种乐趣，即使没有时间，也要挤出时间来阅读。如果专业书比较枯燥、难理解，可以先阅读一些课外的、专业外的书，这样会让人感到轻松。当看到书中阐述的道理，就要去思考为什么，逐渐培养思考主动性，之后阅读课内的、专业内的书也会容易很多。

留心身边的人、身边的事，哪怕是玩游戏也蕴含着很多道理。为什么有的人游戏玩得好，有的人玩得差？关键也在于有没有思考。我们要达到这种状态：若是没有把一件事情的本质思考清楚，那么自己都会觉得非常难受，就像有一块石头压在心头一样，而想明白后，心情立刻就会异常放松。在轻松的状态下思考，更容易培养人的思考主动性。例如看小说，小说内容丰富有趣，有人看小说表面只为了故事性，但更重要的是为了体验思考。

所以，相比较"快速阅读"，我更推崇"慢速间歇性读书"，看几页，思考感悟透彻之后再继续。我认为，虽然从表面上看，读的书越多，懂的知识越多，但实际上，快速阅读意味着你仅知道了很多知识。若没有更多去思考本质、提炼方法，那么即使读的书再多，但没有掌握规律，还是不懂得如何运用这些知识，对人成长的帮助是有限的；而且知道的知识越多却没有及时思考感悟，就如同身上装备了各种重型战斗武器却不会使用，反而让我们不堪重负，难以既有效又高效地获得成功。

人性本惰，人的大脑容易产生惰性，我们一定要有"我一定能"的态度，不要怀疑自己，不要在"能与不能"之间犹豫徘徊。刚毕业工作时，我还没有个人电脑，因为喜欢读书，就经常去书店，坐在地上，一看就好几个小时，常被保安驱赶。但常能看到那么多白发苍苍的老人也在忘我地看书，我们年轻人不是应该更勤奋吗？

3.培养沟通交流能力

交流能力的核心是沟通，人际交往的最直接形式就是"说"。为

人处世，说话是一门极高的艺术。能说会道之人，沟通交流成功的可能性自然就大。

与人谈话，应该学习记者的思维，从对方喜欢的或者比较容易的话题入手，再以这个话题为引线联系到其他话题。比如在餐桌上，可以先问对方喜欢吃什么，然后从各个地方的饮食出发，聊到各个地方的风土人情，由此再拓展到其他话题。我们平时就要注意积累聊天话题：读读《环球时报》，感受世界各地；读读《南方周末》，体会社会生活；读读《参考消息》，了解各国政治经济；读读《中国经营报》，研究市场和经营……

与人谈话，应该强调心理的作用，谈话之前应先琢磨对方的喜好，营造出引人感兴趣的氛围。就像一位文学家曾说过："让我看一个妇女一生所穿的所有衣服，我就能写出一部关于她的传记。"事物之间处处充满着关联性。我们通过生活中的一件小事，就可以去联想思考更深层次更复杂的方方面面，从中更深入地了解一个人。

与人谈话，应该含蓄而有余地。"说出去的话如同泼出去的水"这句老话从深层次可以理解为"你说了一句话，就代表了一个承诺"。如果我们把话说得太多太满或者将一件没有多大把握的事情说得很有把握，一旦完结时没有达到所说的，就好比我们没有信守承诺，会给人留下言行不一的印象。而有的人不会轻易表达自己的意见，也不会把心里的所思所想轻易表露出来，说话总是留有余地，含蓄有深度，不易揣测，不落把柄。比如当我们有事需要请求他人帮忙时，含蓄的做法是把自己的困难说出来。如果对方有能力并想帮你，自然会主动提出来；如果对方不想帮你或是有什么难处，自然不会表态，我们就了解了对方的意思；如果硬是恳求对方，只能使彼此尴尬而已。所以，说话应当讲究含蓄。

4. 培养超前意识

要培养超前意识，就要多去关注了解、分析决定未来事物发展的各个相关因素，就像阿曼德·哈默预见美国会废除禁酒令，分析预判形势并抓住机会借力借势发展。

世界瞬息万变，要培养感知世界变化的能力，哪怕极其微小的变化，也可能是制胜的关键。我们要做到不放弃任何一个机会，哪怕只有万分之一的可能。事实上，有许许多多的成功都是来自生活中的小事（物）所触发的灵感，比如洛克菲勒创办标准石油，最终成为世界公认的石油大王。

　　成功既要靠实力，也要靠运气，人的一生中总会有那么几次机遇，只要抓住其中一次或许就可以改变命运。譬如陈天桥看中了网络游戏，比尔·盖茨看中了操作系统。机遇欣赏有眼光的人，只有具有超前意识的人，才能抓住机遇。

　　5. 培养做人的智慧

　　做事之前要先学会做人，要热爱生活，要有宽容之心，要有良好的做事心态。有些人刚从学校毕业就急着赚大钱，有些人年纪轻轻总想着一举成名，但若还没学会做人就去做事，做事自然容易一塌糊涂。即使幸运地取得了一定的成功，赚到了一些小钱，终究难成大事；抑或侥幸将事业做大了，也往往只是一时的，很可能会垮掉，或是再难取得更大的成就。这是因为我们尚不具有成功者所应具备的做事做人的风范和心态。只有学会了做人，掌握了做人的道理，做起事来才会得心应手，事业才会越来越壮大。

　　首要的是凡事都要做到忠诚，这样才能够让人觉得可靠，才能够进一步获得信任，也才会让朋友更加放心地相交，让领导更加器重。否则，纵使你能力再高，若做人不忠也难让人放心与你深交；纵使你的社会生存能力再强，但一个人的力量终究是有限的。若想做一番大事业，就少不了朋友的帮忙与支持，所以要广交朋友，甘于付出，对人忠诚，为人着想，才能换回朋友的感情。感情是无价之宝，有了情感基础，有了来自四面八方的朋友，朋友之间就能相互支持，从而拧成一股巨大的力量，帮助你的事业取得更大的成功。

信心也很重要。别人能成为科学家你也可以，别人能成为音乐家你也可以，别人能成为运动明星你也可以，别人考试能得满分你也可以。你可以对着全世界大声呼喊："我可以成为爱因斯坦""我可以成为贝多芬""我可以成为成龙""我可以成为马拉多纳""我可以成为刘翔""我可以成为……"。也许会有很多人笑你自不量力，也许我们的天赋真的差之甚远，但人生的历程很长，谁又能断言我们今后不能超越他们呢？只要还有时间，我们就有进一步提高自己的机会。

以柔弱胜刚强。为了在市场竞争中得以生存和发展，在特定的情况下有意示弱是成功者必须学习的功夫。为人过于直率和冲动是幼稚肤浅的表现，我们要做到不管是在顺境还是逆境中，都能低调淡定对待。

做好自己

当今社会，很多人困惑"成功实在是太难了"。从本质上看，外在环境和氛围只是一方面，当然如果社会环境和氛围能够更加合理，就能让普通人更容易获得成功，但更为关键的还在于内因，在于自己是否按照客观规律做事。我们要思考明白，这个世界需要我们如何做才能取得成功，那我们就应该往正确的方向努力。所以，在实践中提升的关键素质之一是做好自己。

人不同于其他动物，有灵活而复杂的大脑在运转思考，可以为了长期利益而舍弃短期利益，可以为了长久的快乐而承受暂时的痛苦，可以为了将来的相聚而忍耐现在的离别……人是复杂的，所以由人构成的这个社会也是复杂的。要在这个复杂的社会中生存并得以发展，就必须直面复杂的人事，必须处理复杂的事情，并在这个过程中，坚守本心，做好自己。

| 保持乐观

先来看一则小故事：

有位秀才第三次进京赶考，住在一个经常住的店里。考试前他做了三个梦，第一个梦是梦到自己在墙上种白菜，第二个梦是下雨天，他戴了斗笠还打伞，第三个梦是梦到跟心爱的表妹背靠着背躺在一起。

这三个梦似乎有些深意，秀才第二天就赶紧去找算命的解梦。算命的一听，连拍大腿说："你还是回家吧。你想想，高墙上种菜不是白费劲吗？戴斗笠打雨伞不是多此一举吗？跟表妹都躺在一张床上了，却背靠背，不是没戏？"

秀才一听，心灰意冷，回店收拾包袱准备回家。店老板非常奇怪，问："不是明天才考试吗，今天你怎么就回乡了？"秀才如此这般说了一番，店老板乐了："哟，我也会解梦的。我倒觉得，你这次一定要留下来。你想想，墙上种菜不是高种吗？戴斗笠打伞不是说明你这次有备无患吗？跟你表妹背靠背躺在床上，不是说明你翻身的时候就要到了吗？"

秀才一听，更有道理，于是精神振奋地参加考试，居然中了个探花。

多数人在面对失败时都很沮丧。但"人非圣贤，孰能无过"，当我们遭遇挫折或者失败时，反而应该举杯庆祝，因为从做错的这件事情或者经历的这次失败中我们看到了自己的不足，得到了教训和经验，这是一笔宝贵的财富。

| 别找借口

世界著名的美国西点军校有一个广为传诵的悠久传统，就是当学员遇到军官问话时，只有四种标准回答："Yes，Sir（报告长官，

是)！""No，Sir（报告长官，不是）！""I don't know，Sir（报告长官，我不知道）！""No excuse，Sir（报告长官，没有任何借口）！"除此之外，不能多说一个字。比如，军官派学员去完成某项任务，由于种种原因，学员没能按时完成，当军官询问时，他只能说："报告长官，没有任何借口！"西点军校之所以将"没有任何借口"列为最重要的行为准则，就是为了让学员增强在压力下完成任务的执行能力，培养他们不达目的誓不罢休的毅力、对待任务忠诚服从的信念以及负责敬业的态度，让每一个学员懂得失败是"没有任何借口"的。正因为西点军校更多地教人如何做人做事，所以它不仅培养了一批又一批优秀的军事人才，也培养出了无数的商界精英。根据美国商业年鉴的统计，第二次世界大战后，在世界 500 强企业中，由著名的西点军校培养出来的董事长有 1 000 多名，副董事长有 2 000 多名，总经理或董事一级的有 5 000 多名，比任何商学院都多得多。

"没有任何借口"意味着认识到"我错了"并愿意承担因自己的过错所造成的后果，但如果为自己辩解，那就是错上加错。但不幸的是，在生活和工作中，这样那样的借口实在是数不胜数。它们在我们耳畔絮絮叨叨，告诉我们不能做某事或做不好某事的理由，听着似乎是"理智的声音""合情合理的解释"，冠冕堂皇。上班迟到了，会有"路上堵车""手表停了""今天家里事太多"等借口；工作没有业绩，会有"制度不行""政策不好""我已经尽力了"等借口……只要去找，借口无处不在。找到借口的好处是能掩盖自己的过失，得到心理的平衡。

正如湖南师范大学一位学生在青年读书会上的发言："做不好一件事情，完不成一项任务，有成千上万条借口在那儿响应你、声援你、支持你，抱怨、推诿、迁怒、愤世嫉俗成了最好的解脱。借口就是一块敷衍别人、原谅自己的'挡箭牌'，就是一副掩饰弱点、推卸责任的'万能器'。有多少人把宝贵的时间和精力放在了如何寻找一个合适的借口上，而忘记了自己的职责和责任啊！"长此以往，人就会疏于努力。我们要学会诚恳地道歉以及接受别人的批评，哪怕是受了冤枉，也不需要急于说明理由。"没有任何借口"看似不讲道理，冷漠无情，但它却可以激发一个人最大限度的潜力。失败了也罢，做错了也罢，再合理的借口和理由对于事情本身并没有丝毫的作用，不如沉心考虑应该如何纠正。

在《没有任何借口》这本书中也写道："优秀的员工从不在工作中寻找任何借口，他们总是把每一项工作尽力做到超出客户的预期，最大限度地满足客户提出的要求，而不是寻找各种借口推诿；他们总是出色地完成上级安排的任务，替上级解决问题；他们总是尽全力配合同事的工作，对同事提出的帮助要求，从不找任何借口推诿或延迟。"推动企业发展的正是这些具有"没有任何借口"精神的人——无条件、无借口，再艰难也要把工作胜利完成。

│应对危机

在日本有一个流传很广的故事。

古时候日本渔民出海捕鱼，因为船小，回到岸边时鳗鱼几乎都死光了。但是，有一个渔民，他的船和船上的各种捕鱼装备，以及盛鱼的船舱，和别人完全一样，可他的鱼每次回来都是活蹦乱跳的，因此卖价高过别人。没过几年，这个渔民就成了远近闻名的大富翁。直到身染重病不能出海捕鱼

了，他才把其中的秘密告诉儿子：在盛鳗鱼的船舱里，放进一些鲶鱼。鳗鱼和鲶鱼生性好咬好斗，为了对付鲶鱼的攻击，鳗鱼也就被迫竭力反击，求生的本能被充分调动起来，所以就活了下来。渔民还告诉他的儿子，鳗鱼死的原因是它们知道被捕住了，等待它们的只有死路一条，生的希望破灭了，所以在船舱里过不了多久就死掉了。渔民最后忠告儿子，要勇于挑战，只有在挑战中，生命才会充满生机和希望。

这则故事给我感触颇深。越是困难的时候，越是失败的时候，越是突破自己的机会。之所以烦恼、痛苦、有挫折感，那是因为我们还没有具备足够的能力去战胜所遇到的困难，更应该感谢上苍给予我们一个进步的机会。对于渔夫是如此，对于鳗鱼也是如此，渔夫求富，鳗鱼求生。只有当我们不放弃、不退缩，勇于挑战，认真思索，找到解决问题的办法，才意味着成功了一步。穷则思变，变则通，通则久。世上无难事，任何困难都有克服和解决的办法。慢慢地积少成

多，我们就能从容不迫地面对各种危机了。

所以，我们无论遇到任何事情任何困难，务必竭尽全力，以这种生生不息的精神，充分发挥所长，不辞劳苦，永不放弃，假以时日，也一定可以成就自己都不敢奢望的成功。

| 学着宽容

前面讲的几个提升悟商素质的实践之法，说的都是修身修心的"律己"之严，而最后一个实践即是"待人"之宽。所谓"严于律己，宽以待人"，严于律己为内修，宽以待人乃外修，内方外圆，时时刻刻处处自律。知与行合一，不去苛责社会，也不苛待他人，吾日三省吾身，不忘做人做事之德，人的精神境界就会达到更为纯粹的高度。

宽容是一种大爱，"海纳百川，有容乃大"；宽容是一种睿智，"度人即度己，利人即利己"，宽容别人其实就是宽容我们自己。除了原则上的大是大非，很多伤害、过错和缺点都可以用宽容来化解和包容。原谅他人的伤害、承受他人的过错、容忍他人的缺点，这些宽容之举，看似在帮助他人摆脱困局、解决问题，其实也是在为自己寻求机遇，化解危机。他人做了对不起你的事情，若是你既往不咎，反倒是让那个人欠你一个人情；若是你翻脸报复，看似一对一就扯平了，但更有可能冤冤相报恶性循环。所以，宽容既是对他人的释怀，也是对自己的善待。也许从一时一事来看，宽容了他人，会委屈了自己，但这只是暂时的；而就一生一世来讲，每一次的宽容就是一次传递感恩的机遇，一次累积德望的契机，更是一次汲取教训避免重蹈覆辙的机会，所以待人以宽，看似度人，实则度己。

　　"水至清则无鱼，人至察则无徒。"人活于世上，切忌非此即彼。待人处世，学着宽容，善待我们身边的每一个人。处下谦让，才能赢得尊重；容下天地，方能阔步前行、放眼未来。

悟商

悟　商　修　炼

天下为公的态度

引言

　　提升悟商就本质而言是思维态度的一种修炼，如何在不变的现状中寻找突破，在变化的环境中保持本心，这需要我们懂得处理顺境与逆境、自己与他人、本质与表象、成熟与单纯、前进与后退、低头与抬头、多与少等多组对立统一的关系。大多数人日常的感悟总是会过于"随心"，快乐时尽情享受，悲伤时尽力排解，成功时充满喜悦，失败时郁郁寡欢，而我们所讲的"悟"，就是要充分利用这些人生百态，排除"随心"，是更"有心"地去悟。通过感悟老子《道德经》的思想精华，以数理化思维把握其与生活经验的内在联系，最终将理论哲学和经验哲学上升为我们自身思考的能力和习惯，也即我们的悟商能力。本章中，我从生活中常见的一些对立统一关系着手，帮助读者发现表层现象的深层联系，打破常规的思维，达到悟商思维态度的修炼。

宁静致远，天下为公

　　我们要站在生活的最高处，忘记过去、把握现在、展望未来；我们要站在生命的最高处，看轻成功、看淡失败、安处平淡；我们要站在精神的最高处，包容不快、专注责任、不唯利益；我们要站在灵魂的最高处，宽恕昨日、希冀明天、同情弱者、感激恩人。喧嚣尘世中保持心静如海，方能看清前方、看透世事、看淡功名，才能平和宁静、坦然安详、沉着简单，敢于担当，勇往直前。

何为静？《道德经》十六章：

致虚极，守静笃。万物并作，吾以观复。夫物芸芸，各复归其根。归根曰静，静曰复命。复命曰常，知常曰明。不知常，妄作凶。

知常容，容乃公，公乃全，全乃天，天乃道，道乃久，没身不殆。

排空脑中复杂的思想达到空灵的境界，透过形形色色的物质现象看到大象无形的自然规律，让自己的行为高度符合自然规律，知行合一，此乃"静"也。世间万物异常喧嚣，但最终都会走向其既定的结局，而这个结局正是其日常行为产生的结果，因果不虚，这是亘古不变的自然规律，此乃"宿命"也。

懂得这些不变性的自然规律是一种洞明，若不能深刻领悟，人就

容易犯错；洞明万象背后的自然规律，人就能达到以天理包容万物的宁静状态，利万物而不争，处事为公，脱离个人主义，以集体为先，以他人为先。当我们能够基于"天下为公"的信仰，将这种信念和意识传递给众人，则能领导万物蓬勃发展。为无为，则大道行。长此以往，坚持修行，追随宇宙自然而然的无为规律，就会化生为宇宙的造物主——"道"。人只有进入这种状态，坚持知行合一，才能可持续发展。

要想抓住机遇，
前提就是你得坚持下去

有些员工经常抱怨公司没给机会、主管没给机会、社会没给机会，总觉得自己怀才不遇，非常委屈。煎熬的日子谁都有过，越是成功的人，往往越是在更长的时间里经历过更强的煎熬、更大的压力、更深的绝望！每个人在想放弃的时候不妨好好反省自己，想想自己为梦想付出了多少，想想挺进中超的边路球员黄世博永不放弃的精神，他在取得成功前经历了万般艰辛但仍持久拼搏，我们又有什么理由放弃呢？就如黄世博在接受采访时说的："要想抓住机遇，前提就是你得坚持下去。"

不管一个人的生活曾经是多么的疲惫杂乱，不管一个人的境遇曾经是多么的潦倒不堪，我们要记住一句话：没有苦哪有甜。苦意味着轰轰烈烈的奋斗，而过后沉淀的是成就的稳定和无为的宁静。很多伟大的企业也是经历了非常艰苦的奋斗之后才达到一种无为的宁静状态，一切成就都是历史的沉淀。

　　假若没有经过痛苦的屡败屡战的过程，没有永不放弃、永不抛弃的奋斗精神，人生就很难产生沉淀并达到成功的宁静状态！无论多大的危机、多深的绝境，都只不过是大海中瞬间的一个波澜而已。无穷无尽的虚无的"静"产生了宇宙万物无限的生机勃勃的"动"，最终又归根于"静"，周而复始，这就是宇宙的规律。

时时刻刻怀有死亡之心

世人大多总是羡慕别人的好与成功，习惯性忽略不好与失败。因为人们总是轻易把人生看得太容易，把世界想得太美好，对未来有着无尽的期望，却又乐于享受温水煮青蛙的消磨，不肯付出比他人更为刻苦、置之死地而后生的努力。我每天关注更多的是社会上的生死与沉浮，了解人世的艰辛，因此看到的是别人不容易的地方，研究的是其他企业失败的地方。不要对世界抱有过高的期望，要时时

怀有"病病"意识，每天都做好最坏的人生准备，企业经营者要常以企业破产为假设来思考问题。由此，我在思考和行动中，就不会任由死亡来临，不会在有钱的时候随意挥霍、任意发展。这样，人生经历中就很少有失望，因为从未有过多过高的期望！如果平时都已预想过，自然就不会承受不起这些在别人看来很严重的突发情况。

高山上的雪莲花很美，但若没有攀登的勇气并做好随时坠落山谷的心理准备，那就只能是远处触碰不到的美丽。

创业，永远是不怕死、更是随时准备面对死亡的游戏。

市场瞬息万变，我们每天都要做好准备，永无止境地随着环境变化而变化。这种应变的强度，需要思考的沉淀，需要精力的付出，甚至要以身体的透支为代价！社会竞争很残酷，从来就没有一劳永逸的成果！

调整思维，顺应规律，
便能实现目标

　　有一年国庆我到塔希提岛（又称大溪地）度假，那里因其秀美的热带风光、环绕四周的七彩海水，被誉为"最接近天堂的地方"。

　　那时候我还没学会开车，假期中的一天，我尝试驾驶摩托艇，巡航大海。海上风浪起伏，刚开始心情紧张，双手便用力拼命握紧方向盘，导致失去重心使得船艇失控。因为只顾盯着近处，畏缩不

前，落在了最后。于是我不断调整，不断尝试，最后终于能自如地驾驶摩托艇。在这个过程中，我体会到了一个定律：只要身心放松，即使波涛汹涌也不会心生畏惧；只要眼光长远，即使船艇飞到高处再重重掉下，也能处之泰然。这不正如人生吗？

人生是什么样的？闽南语歌曲《世界第一等》中有这么一句歌词："人生的风景，亲像大海的风涌，有时猛有时平。"人生路上，总会有很多风浪，但这就是人生，没有一个人可以避免。风浪就是人生道路上的各种坎坷、危机或压力，"风不平浪不静"，若是"心还不安宁"，人生就很容易像海上行艇那样失控，把握不住方向。我们不仅要随着环境的变化而不断调整思想、调整心态，更好地适应环境，还要有战略思维，把眼光放长远。

雄鹰忍受折翅之痛，种子忍受黑暗之苦，于是雄鹰翱翔蓝天，于是种子破土而出。站得高望得远，用未来指导今天的行动，明天会走得更远。纵使今天遇到再大的磨难，都要开心坦然地面对，感谢它让自己获得成长的机会并相信一定能战胜它。只有越过一个又一个大浪，才可以看到壮美的风景。风浪越大，将越会前进得更高更远。但若是惊慌失措，一味逃避问题，则可能永远得不到进步。

人生旅途，就像在海上驾驶摩托艇，我们无法主宰风浪何时来临、无法主宰风浪大小、无法主宰风浪方向，但可以调整自己、改变自己去顺应它。

在我掌握了规律以后，我努力超越并最终第一个驾驶摩托艇到达终点。人生只要永不放弃，善于思考总结，顺道而行，就一定可以实现理想目标。

什么是同理心

　　我们总是从自己的角度、按自己的思维方式思考别人的问题，总是用自己的价值观审视世界，缺失了同理心，也便有了固执、自恋、自闭的人。实验证明产生同理心的关键就是所谓的"可辨识受害者效应"。在一个实验中，心理学家 Tehila Kogut 和 Ilana Ritov 询问一组受访者，为开发一种能救一个孩子的药物，他们会捐助多少钱，问另一组人的

问题则是他们会为救八个孩子捐助多少钱。结果几乎一样。但是当心理学家告诉第三组受访者接受救助的一个孩子的年龄、姓名，并展示了她的照片后，捐赠额直线上升——远远超过人们愿意捐给八个孩子的数额。可见，要将认知转化为行动，就必须要对别人的处境感同身受，产生同理心。

同理心又叫换位思考、神入、共情，要求人们站在对方立场设身处地思考。在人际交往中，能够体会他人的情绪和想法、理解他人的立场和感受并站在他人的角度思考和处理问题。同理心强的人不会固执自大，他们会游离出自己的心灵，站在对方的角度去体会对方的不容易、思考对方的需求及心理，而不是一味按照自己的心理、思维揣测别人并要求别人按照自己的方式思考问题。

回想自己初到北京创业时，我总以"朱门酒肉臭，路有冻死骨"激励自己，自己不努力就会冻死街头。于是没有周末、没有节假日地战斗，工作—学习—思考—工作，跌倒再站起来，要求自己每天进步。我每天无止境地"炮轰"大家，督促大家前进，有些同事却不能理解，或许只有经历过的人才会感同身受，拥有同理心，才能明白我、理解我，才能催促自己前进。同理心就是让自己设身处地为对方考虑，站在对方的心理角度去思考并理解对方，这是一种来自每一个人内心灵魂深处的无穷无尽的能量。

换位思考，上善若水，
水善利万物而不争

从小老师就教我们要懂得换位思考，长大后职场也告诉我们要会换位思考。什么是换位思考？换位思考是指假设自己是对方，体验对方的心境、情感、立场，用对方的思维来看事情、考虑问题，想人所想，理解对方，进而指导自己的言行举止。换位思考容易帮助自己与对方建立起感情沟通，为增进理解奠定基础。

换位思考是人类经过长期博弈，付出惨重代价后总结出的黄金法则。社会是一个利益共同体，人与人之间必须要进行频繁的交往。克鲁泡特金在《互助论》中论述："只有互助性强的生物群才能生存，对人类而言，换位思考是互助的前提"。

第二次世界大战期间，美国空军降落伞的合格率为99.9%。这就意味着从概率上来说，每一千个跳伞的士兵中会有一个因为降落伞不合格而丧命。

军方要求厂家必须让合格率达到 100%。厂家负责人表示他们竭尽全力了，99.9% 已是极限，除非出现奇迹。军方改变检查制度，在每次交货前从降落伞中随机挑出几个，让厂家负责人亲自跳伞检测。从此，奇迹出现了，降落伞的合格率达到了 100%。

很多事情，在做之前先进行换位思考，唯有换位思考才能产生同理心，才能更好地理解对方，转变思路，满足对方的需求。同时也能达到自己的目标，实现双赢。

以生活中的小事为例。以前我上洗手间，总是向里推门进去，常会撞到正要从里面出来的人；从洗手间出来时，向外推门出去，又会撞到从外面要进来的人。后来我想通了一点，这是由于我们缺乏同理心，没有站在对方的角度思考问题，没有想着"与人方便"，自然不能"与己方便"。从此进出洗手间时，我都会用拉的方式，避免跟人"撞门"。

开个洗手间的门都有这般思考的艺术，世间万事皆然。所有人都应该先站在对方的角度，替别人着想，先利他，才能利己。

生活如此，工作亦应如此。就如上文中提到要提高降落伞的合格率，只要换个检查方式，让厂商亲身体验，厂商才能换位思考，追求 100% 的合格率。这让我想起我的一件长风衣，两侧的口袋没有采用拉链而只用纽扣。当我骑自行车运动时，即使是扣上纽扣，口袋里的东西也很容易往外掉。这只是一个小小的细节，设计者如果仅讲究美观设计，而没有通过虚拟实践假想穿着时的活动地点、形势等各种社会场景，模拟各种可能遇到的问题，再优化改善设计，那么最终会降低顾客满意度，减少销量。

　　作为一个优秀的产品经理，更要有同理心，深谙人性习惯，深刻了解客户的真正需求，只有以之为标准设计和运营产品，才能高效地打开市场。

敬畏与感恩

　　一个人立身处世，应当怀有一颗敬畏之心。敬畏不是源于害怕，而是来自尊重。这是一种发自内心的尊重，也是一种对自我的基本约束。有了敬畏之心，做人才会谦虚谨慎、戒骄戒躁；做事才会认真负责、兢兢业业。

　　有一位餐饮企业家，视察门店时看到一张小额的钱掉地上了，她捡起来，放手上摊平了交给收银员说："我们要敬畏钱，钱才会来。"所有东西，只有尊重它、爱惜它，它才不会远离你。

　　销售工作也是如此，每个销售人员的心中要有自己的佛——客户。就如泰山余脉的千佛山，佛无处不在，我们也要无时无刻地去为客户着想。我们对客户要有敬畏之心，要把每次客户提出的高要求都当作一次锤炼。越是经历过血雨腥风的战斗，越是能泰然自若面对一切，因此要感谢客户给予的

"置之死地"的生存压力，给予的解决困难、强大自己的"后生"的机会。

舜发于畎亩之中，傅说举于版筑之间，胶鬲举于鱼盐之中，管夷吾举于士，孙叔敖举于海，百里奚举于市。

故天将降大任于斯人也，必先苦其心志，劳其筋骨，饿其体肤，空乏其身，行拂乱其所为，所以动心忍性，曾益其所不能。

人恒过然后能改，困于心衡于虑而后作，征于色发于声而后喻。入则无法家拂士，出则无敌国外患者，国恒亡。然后知生于忧患，而死于安乐也。

——摘自《孟子·告子下》

每次读到这篇短文，总让我想起一句话——使我痛苦者必使我强大。磨难和痛苦更引人思索。一个人只有经历过痛苦后不断思索，才会顿悟人生的真谛。许多人的生命之所以伟大，就源于他们所承受的苦难。为此，我们更要感谢所有曾经使我们痛苦的人和事。经历痛苦，正是上苍让我们思考、帮我们进步的时机。

我们要对人生中有缘认识的来来往往的每一个人，内心里一直留存有深深的感恩和感谢。

有这么一个故事：

有个孩子无意中把一颗杏核埋在墙脚下边，杏树苗居然冲破坚硬的壳和多石的土地，向蓝天露出笑脸。不久，这个孩子发现了这孤孤单单的杏树，"嘻，这是什么树苗，把它的尖儿掐了，看它能长成什么怪样！嘻。"

杏树受了伤害，却没有死，在掐去尖儿的地方长出两枝小杈。

"这是什么东西怎么到墙脚下来了？"孩子父亲觉得奇怪，不由分说用斧头从根部砍断杏树。

杏树流着泪在雪中过了一个严酷的冬天，春天一到，它又抽出芽来，当它到了开花的年龄时，孩子的爷爷又觉得碍眼，便锯去了几个枝杈。

掐尖、斧砍、锯杈都没有熄灭杏树心中的火焰，当又一个春天到来的时候，杏树终于长到大墙的外边，开出鲜艳的花朵。

很多小鸟来赏花，它们望着杏树伤痕斑斑弯曲的身躯，惊叫一声："你靠什么力量活下来了，又开出这样美丽的鲜花？"

杏树回顾着自己走过的艰辛道路，深思很久，最后深情地说："希望，还有信念。"

　　每个人每天无论再苦再难也要坚强，只为那些期待的眼神。"心若在梦就在，天地之间还有真爱。看成败，人生豪迈，只不过是从头再来。"对每一次逆境也要心存感恩，鞭策自己成长得更强大。

　　人们常为吃亏等一些小事去埋怨别人，我认为我们每个人吃亏的时候反而要觉得开心，做人要学会吃亏，要用宽大的胸怀去包容吃亏。感谢所有经历的事，所有认识的人，这是一生要修行的能力。

　　一个人工作能力再强，如果没有敬畏之心，容不下他人，就无法承载更多的事和物，上苍便无法提供给他更大的发展天地。

厚德载物

我们每一个人通过辛苦劳动争取发展是在积累自己的福报，劳动让我们为社会做出自己的贡献，推动社会经济向前发展。有的人生来命好，那是父母及祖辈厚德积累的结果。但无论如何，每个人都应该通过劳动不断地积德，并且任何时候都不

会晚。

成功人士都会谦虚地声称自己的成功是靠运气。但若真的是靠运气，成功者就不会那么寥寥无几，他们的成功更多地取决于实力和努力。人生只是一个过程，每一对父母所辛苦付出的努力及其所积的福都跟孩子无关，所以伟大的企业家作为父母时，都不会让孩子依赖家庭而玩物丧志、靠运气生活，也不会留给他们财物，而是注重培养孩子的生存能力。只有把与生俱来的基因遗传给孩子——通过劳动、工作获得生存，才是最大的福报、最大的厚德载物。

给孩子一帆风顺的人生，并不是什么好事。人的成长需要经历磨难。人生遇到挫折、碰到困难并不可怕，挫折和困难反而能锤炼自己的意志。"苦难显才华，好运隐天资。"一个人心若浮躁起来，精神灵魂就容易堕落。一堕落，福报减少，成就便不会大。换一个角度看，磨难是一种激励，更是一种机遇，抓住机遇，在磨难中成长成才，才能谱写出更精彩的人生乐曲。

人最难的不是战胜别人，
而是战胜自己

　　我对一部宇宙科普纪录片《前往宇宙边缘》印象很深刻，影片从地球的卫星——月球开始，一路探索到太阳系、银河系，直到人类所认知的宇宙的边缘。宇宙的边缘会有什么？那里有时间的起源，也有世间万物的终结；有变幻莫测的奇观，也有神秘骇人的存在……宇宙生来也是不完美的，它的演变是一个永无止境地自我修行的过程。

就如起初，我不喜欢跑步，但跑步对于保持身心健康的作用是显而易见的。我一向认为要永无止境地朝好的方向改变自己，所以要求自己克服惰性，每天坚持跑步。刚开始身体状态好的时候，跑起来还比较容易；身体状态差的时候，每天咬着牙煎熬着也要跑完40分钟，这个过程非常痛苦。但每次战胜自己，坚持跑完，总是很有成就感，酣畅淋漓。

一位同事也在艰苦修行，每个周末坚持去奥林匹克森林公园跑半程马拉松——22千米，他的体重也从200斤降到130斤左右。他通过行动向我们证明了"没有任何借口地践行自律"，最终将达成目标，获得胜利。

世人常以战胜别人为目标，却看不到自己身上的缺点。人无完人，不断改善自我是每个人每天的必修课，战胜自己是人世间最伟大、最美妙，也是最困难的修行！

老子曰：胜人者有力，自胜者强。一个人想改变自己是最难的，只有永无止境地深刻反省，每天进步一点点，不断战胜自己，才能持续改变自己。

人在做，天在看，做人要有信仰，要高度自律。每个人都应该加强自我反省，每天主动去除自己内心的各种恶念，不断悬崖勒马、改正自己、改造自己，从而每一天都是新的开始。

被誉为"来自地狱的暴君"的硅谷钢铁侠埃隆·马斯克在给年轻人关于成功建议时曾说："至于要多么努力，取决于你想做到多好。你需要超级努力地工作。"虽然马斯克情绪反复无常，公司的员工都认为他对待下属太过苛刻，毫无宽容可言，但正是在他的带领下，特斯拉市值超过 1 千亿美元。诚然，如果一个员工跟着一个不严格的企业高管，那成长将会是缓慢的。

人最难的是从错误或失败中反省自己，常人总会选择逃避，或推卸责任。这个世界真正敢担当，敢每天自觉反省自己的有几人？从错误或失败中反省自己是耻辱吗？恰恰相反，推卸责任或找借口这只是胜人者有力，能够在失败挫折后去反省自己才是真正的自胜者强。

外面的世界很美好。人们往往只记住了它美丽的一面，却忽视了外面世界残酷的一面。当你羡慕外面世界很精彩，认为有无数机会时，别人也会同样认为，到最后这个世界的机会还会有很多吗？因此，我们每个人都应该踏踏实实地做好自己的本职工作，才是对自己的未来真正负责。

一生很长，一个人无论走到哪里，一定要记住，先做人再做事，人做不清楚，想要成功那是难如登天，这个社会的运转规律正如同古人所讲的：积善之家，必有余庆；积不善之家，必有余殃。

困难是最好的"磨刀石"

老子《道德经》第二十二章：

曲则全，枉则直，洼则盈，敝则新，少则多，多则惑。

在这个竞争残酷的世界，企业的经营发展每天都会遇到很多挑战，失败是难免的，但失败是起点不是终点，如果你把每一段失败经历都当作终点，那无论走到哪里，这样的人生理念都将走投无路。

正因为人生之路坑坑洼洼、曲曲折折，充满了挫折和坎坷，所以才能够去储备丰富的人生阅历。当自己失败的时候，每个人更应该乐观与自信，因为"跌落到谷底"，就没有了后顾之忧，一切从零开始。从此，只要每天坚持永无止境地努力都将会走向成功，哪怕只有万分之一的成功概率，一万次努力也会成功一次，成功一次就足以改变一个人的人生命运。

思想是人与人之间最远的距离，也是最近的距离。与其临渊羡鱼，不如退而结网。任何时候开始都不会晚，要看你是愈挫愈勇更加艰苦奋斗，还是一蹶不振轻言放弃。

回忆当初，我于 2006 年世界杯期间来到北京市海淀区皂君庙一带发展，在一个 10 平方米的小屋中开始了在北京的艰苦奋斗生涯。整整 14 年过去了，人生苦短，有的人希望多娱乐享受人生，有的人却更加迫切地艰苦奋斗。当你回首往事的时候，究竟是为了自己娱乐享受而沾沾自喜，还是为推动了这个世界、这个社会进步而感到欣慰。就像《阿甘正传》中的主人公阿甘，他诚实勇敢、认真守信，对待他人只知道付出而不求回报，也不会拒绝他人。他坦荡真挚地追求生活，将自己所有的智慧、信念与勇气全部聚焦在一个方向、一件事情上，摒弃所有的杂念与顾虑，他一生只知道永不放弃、拼命地向前奔跑。于是，他跑过了大学时期的橄榄球场、跑过了炮火纷飞的越战泥潭、跑过了乒乓球的外交战场、跑遍了整个美国，最终跑向了他人生的巅峰。

企业每天面对的失败和挫折数不胜数，唯有依靠永无止境、永不放弃地奔跑才能到达成功的彼岸，除了这样，别无他法。永无止境地不断奔跑向前，跑过春夏秋冬，每天承受比社会上多数人更为繁重的工作量和大脑使用量，永不放弃地提高工作效率，我想这或许就是人生的修行，也是悟商的修行。

越痛苦的困难，越难受的障碍，越厌恶的不利，拦住了人世间绝大多数的竞争者，所以大不利其实就是大有利，困难、障碍、不利是这个残酷竞争的世界对于所有人都一样的最为公平的竞争环境。越失败越乐观地总结教训，每天创新进步一点点，一直坚持下去，这样所有的困难、障碍和不利都将化为一个人成长的驱动力！

每个人都希望成功，却很少有人会问自己究竟如何才会失败，想清楚了，然后避免去走必然失败的道路，剩余便是大概率的成功。每个人都很容易陷入感性的陷阱，如何成为一个理性的人，我想以旁观者的视角去看待自己每天面对的每一件事情，跳出世界看世界，绕开矛盾看矛盾，或许才是最为理性的解决各种问题的办法。

马克思说过："在科学上没有平坦的大道，只有不畏劳苦，沿着陡峭山路攀登的人，才有希望到达光辉的顶点。"

人生何尝不是如此？但有的人遇到困难看不到希望，就给自己找很多借口，畏难而退。我们应该选择迎难而上，遇到的困难越大，越是不放弃。面对困难和绝望的事情，在解决的过程中往往能锻炼人的生存能力，帮助我们进一步成长，所以越是艰难，反而越要开心享

受。在他人眼里因绝望而要放弃的困难，我们要把它当作走向成功的"磨刀石"，感谢这些"磨刀石"，逼着我们永不放弃，不断思考，创新出一个又一个新的思路去尝试和挑战。这个过程不仅能够培养开拓性思维，激发潜能，而且也让成功趋势愈加明显，这就是"太极"的运化反转之力，化不利为有利，化负能量为正能量，化艰难为成长的快乐源泉。

所以，我们每一个人都要给自己设定至少三个超高难度的挑战目标，也许是开拓出更高的人性化产品，也许是研发出更高的技术水平，也许是提高到更高的客户服务水平。你可以达不到目标，但是挑战和征服过程中的成长，会让你在迎战其他对手时更轻松更高效。

我们每一个人都要敢于挑战、勇于征服自己所在工作领域里更高难度的工作，即使可能我们面对的是虚拟现实、人工智能、宇宙太空科技等这些高科技挑战工作，无法立即达到领先全球的水平，但经过锻炼，也会让我们在其他工作上游刃有余。

低头承受生命之重

"人不轻狂枉少年"，年轻人容易凭借家势或个人能力，自高自大，目中无人。被称为"美国人之父"的富兰克林，曾去拜访一位德高望重的老前辈，当时的他年轻气盛，昂首挺胸迈着大步，进门时便把头狠狠地撞在了比他的个子矮一大截的门框上，疼得他直揉搓。有人曾问过古希腊哲学家苏格拉底："天与地之间的高度是多少？"苏格拉底毫

不迟疑地回答："三尺。"那人笑了："先生，如果天与地之间只有三尺，我们这些五六尺高的人，不把苍穹戳破了？"苏格拉底也笑了："是啊，凡是超过三尺的人，如果想立于天地之间，就要懂得低下头来。"这两个故事告诉了我们一个道理：人活于世，就必须时刻谨记，该低头时就低头。

低头的动作简单，但让世人在需要的时候低头却总是不易。一个人难的不是看不清自己昂首，而是认清自己后低头；一个人难的不是看不清自己执念，而是认清自己后放下；一个人难的不是承受失败后的痛苦，而是失败后还能感谢磨难、感谢上苍帮助自己反省，真正获得成长的快乐；一个人难的不是享受成功的喜悦，而是成功后仍然能够保持理智看清自身不足，依旧战战兢兢如履薄冰地勇往直前。

韩信、勾践便是懂得低头的智者。《史记·淮阴侯列传》中记载：淮阴屠中少年有侮信者，曰："若虽长大，好带刀剑，中情怯耳。"众辱之曰："信能死，刺我；不能死，出我胯下。"于是信孰视之，俛出胯下，蒲伏。一市人皆笑信，以为怯。后来韩信受到刘邦的重用，帮助刘邦一统了天下，被封为楚王。清·丁耀亢《续金瓶梅》第三回记载："如韩淮阴贫时受了胯下之辱，后来以千金谢了漂母，把恶少封了官，真如太虚浮云，有何挂碍！"

有时弯一弯腰，侧一侧身，前方的道路更顺畅，不横冲直撞便不会碰壁，不会头破血流。人生不可能事事如意，碰上低矮的门框就必须学会低头，这并不是软弱无能，也不是放弃尊严，相反，这是一种胸怀、一种策略。

春秋时期，吴王夫差为报父仇攻打越国，抓了越王勾践。吴王为了羞辱越王，派越王做看墓、喂马这些奴仆们做的事。越王心里虽然很不服气，但仍然极力装出忠心顺从的样子。吴王出门时，他走在前面牵着马；吴王生病时，他在床前尽力照顾……后吴王放越王勾践回国。《史记·越王勾践世家》中记载："越王勾践反国，乃苦身焦思，置胆于坐，坐卧即仰胆，饮食亦尝胆也。"他整顿内政，休养生息，国力渐渐强盛起来后不断进攻吴国，直至城破吴都，夫差自杀。随后又北上中原与诸侯会盟，成为春秋时期最后一个霸主。越王勾践"卧薪尝胆"成就了一番伟业。

当面对人生变故中的各种打击和煎熬时，不妨低头隐忍，适时的低头是一种智慧，敢于低头并不断否定自己，不断吸取教训，路才会走得更远更精彩！昂头是稗子，低头是稻穗，始终把头昂得高高的只有那些空空如也的稗子，而头垂得越低的却是越成熟越饱满的稻穗。

"大雪压青松，青松挺且直。"人生所能承受的是"生命之重"，不可承受的是"生命之轻"，隐忍让人蕴蓄无限的力量，柔韧的雪松承受住了大雪的重量，才有了"无限风骨在雪峰"的奇观。

梅花香自苦寒来

人们总是祈求一帆风顺、万事如意，但"天有不测风云，人有旦夕祸福。蜈蚣百足，行不及蛇，家鸡翼大，飞不如鸟。马有千里之程，无人不能自往。人有凌云之志，非运不能腾达"。常处顺境容易使人丧失生命的豪迈与激情，反而是陷于绝境能令人突破身心的樊篱与束缚，抓住机遇，迎接挑战，创造奇迹。

　　我出身于贫寒家庭，大学学费靠助学贷款，生活费靠自己边读书边打工赚取。大学毕业后被派到最艰难的区域，即使是这样，我也从不因为收入比别人低而委屈懈怠，依然坚持比别人更拼命地工作，人的内心如果只装着金钱，只想着回报，金钱反而会离得更远。做人首要的是态度，内心要装着责任、义务与担当，还有不计一切的拼命精神。否则，人生难以走得长远。

　　正因为苦难的人生，正因为无缘的"运气"，在绝境的磨砺中，才会让人懂得人世生存的沧桑和不易；学会珍惜未来，宽容世事；也更加勤奋认真，努力提高自己。上苍是公平的，它让人受苦，又促人成长。感谢上苍，它虽没有给身处逆境的人太好的条件，但使其磨炼出了心志和悟性。

　　一个人倘若很少独自面对绝境，习惯性依赖父母朋友解决问题，那就很容易成长为温室里的花朵，抵受不住风雨的洗礼、严寒的磨砺。"宝剑锋从磨砺出，梅花香自苦寒来。"只有经历绝境的锤炼，我们才能够逐渐成熟淡定，才能在人生的风浪中独当一面。开心乐观去面对绝境，勇猛精进去战胜绝境，是每个人凤凰涅槃的成长仪式。这也是为何我一次又一次在企业管理工作中将我们的同事战友推向没有任何借口的"绝境"的原因，我希望他们在绝境中不断快速成长！

上德不德，是以有德

　　不论工作还是生活，有困难是必定的，但困境中有新机。持续试错直至找到成功的方向，每日持续进步直至达到成功的终点，这就是老子所讲的"反者道之动"。

　　在前进的道路上若发现方向错了，及时感悟出问题的本质并且修正它，化不利为有利。若方向正确，则要每天坚持"上德不德，是以有德"。"上德不德"是指主观能动性随事物变化，坚持每天因变而变则是"有德"。外界事物环境变了，主观意识

却不跟着变化，便会"下德不失德，是以无德"，"无德"必然使得事物逐渐走向衰落、走向死亡。人类文明是依靠人的主观能动性，在符合自然规律基础上创造出来的，知行合一才能最大限度地推动人类社会进步。

与其临渊羡鱼，不如退而结网

每个人的生活内容往往是相差无几的，都离不开衣食住行。但要说经济条件的差异，很多人小时候的家庭条件和生活状况和今天中国社会大多数人相比是差很多的。走到今天，总结这三十多年的人生经历，尤其是最近十年每日感悟《道德经》，让我更加明白：一个人的起点并不重要，重要的是每天对待工作和生活的态度。

我数十年的感悟所得主要有以下四点：

第一，"病病"意识。为什么很多人总是不能把问题解决得足够有效和彻底？那是因为他们没有足够重视问题，没有主动加强危机意识去对待和处理问题。无论面对什么事情，都应该主动强化危机感，加大难度去处理。比如，对于有时限的项目，至少要提前一半的时间甚至更早去完成。大家往往只会用一种方法来解决问题甚至没有解决思路，再用很长的时间等待结果。面对一个目标，如果思考出十种方法，采取多种方法同时进行，那么哪怕失败了九种方法，也还有一种方法可以解决问题。

老子《道德经》第七十一章：

知不知，尚矣；不知知，病也。

圣人不病，以其病病。夫唯病病，是以不病。

对待问题，应主动加强危机意识去对待和处理，即是"病病"意识。看到自己的落后和无知并不是坏事，它能激发出人们无穷的智慧，而狂妄的人往往不会有"病病"意识。为人谦逊，敢于承认自己的缺点和无知的人将大有前途，而能力不足却整天夸夸其谈的人，生"病"不浅啊！

第二，太极反转能力。碌碌无为的人总是在回忆过去，总是感慨："假如当时……假如当初不发生……（不利条件），我早就成功了。"但是，人生没有如果。上天对每个人都是公平的，不会给谁多于别人的机会。事

实证明：顺境太多不一定是好事，逆境多点也可能不是坏事。好坏的关键不在于是顺境还是逆境，而在于是否具备太极的"反者道之动"能力，是否善于悟透事物的本质规律。

老子《道德经》第四十章：

反者道之动；弱者道之用。天下万物生于有，有生于无。

用太极图来说明，就是找到太极图上黑色中的白点，并在白色中发现即将到来的黑点。太极反转能力很重要，它能让人们时刻保持思考和警醒，在得意时不忘监测风险，在失意时不怨天尤人，时刻提高危机感加强防范，从而提高人们成功的概率。

第三，悟商能力。这是超越经验，超越水中花镜中月，超越迷离的表面世界，悟透一切事物的本质规律的能力。要具备这个能力，就要主动、充分学习他人的成功经验和吸取他人的失败教训。

第四，开心包容能力。事物总是辩证的，顺境是量变的积累，而逆境往往能产生质变的飞跃，坎坷孕育着进步。因此，对待人生曲折，不能消极躲避，而要在失败中吸取教训，在挫折中总结经验。尤其要感谢批评，无论批评是否正确，都有可吸取学习的地方。因此需要我们有宽广的胸怀和包容心。

老子《道德经》第四十九章：

圣人常无心，以百姓心为心。

善者，吾善之；不善者，吾亦善之；德善。

信者，吾信之；不信者，吾亦信之；德信。

圣人之在天下，歙歙焉，为天下浑其心，百姓皆注其耳目，圣人皆孩之。

一个人想在这个艰辛而残酷竞争的世界取得成功，在没有先天家境优势的情况下，社会中绝大多数普通人怎么办呢？我认为唯有以苦为乐，以失败挫折为每天前进的磨刀石，历经苦难和挫折，那些你最绝望的日子，其实才是你最为珍贵并可能取得进步的日子。一个人总是顺境没有压力没有经历挫折，是很难进步的，也很难有所成就。

每个人都向往着过上美好的生活，但我们真正付出超出常人的努力了吗？若没有就不要只做黄粱美梦。要时刻保持淡定与专注，奋发图强，与其临渊羡鱼不如退而结网！

只要每天进步一点点，
目标一定不会太远

被称为"大学炸弹客"的卡辛斯基将目标分为三种：第一种是稍作努力即可达到的目标；第二种是不懈努力才能达到的目标；第三种是再怎么努力都不可能达到的目标。

如果你是一个对生活要求不高的人，你的要求就很容易达到。但你能做到的事，别人也能做到。对于大家认为不可能超越、不可能成功的事情，我们也要抱着"没做怎么知道不行"的心态，坚韧不

拔，不断尝试。困难是绝对的，但困难越大，竞争对手越少，相对而言，成功的概率就越大。所以只要我们勇往直前，就一定能取得更大的成功。

如佛家所言"磨难是来度你的"。困难并不可怕，遇到困难，我们反而要更开心，要感谢困难，拥抱困难。平日要主动给自己提出更高的要求，勇于给自己设置高难度的工作目标，知其不可为而为之。也只有如此，才能超越自然的演化速度，才能脱颖而出。

无论你的人生起点多么低，都要不抱怨不放弃，要坚持每天比身边的人更加努力一点点，比昨日的自己更加努力一点点，坚持每天进步，也许只是 0.01 的进步，坚持一年 365 天，1.01^{365} 将会是 37.8 倍的进步。起点、文凭、阅历都不重要，重要的是坚持不懈，每天努力多一点点，进步大一点点。

如果你一直在坚持，恭喜你，你已经在走向成功。

如果你没有坚持，那么失败了也不要委屈！

少则得，多则惑

老子《道德经》第二十二章：

曲则全，枉则直，洼则盈，敝则新，少则得，多则惑。

是以圣人抱一为天下式。

不自见，故明；

不自是，故彰（zhāng）；

不自伐，故有功；

不自矜（jīn），故长。

夫唯不争，故天下莫能与之争。

古之所谓"曲则全"者，岂虚言哉！诚全而归之。

遇到自己无法接受的事，要像河流一样转弯绕行，委曲方能求全；遇到阻碍前行的栏杆，要学会弯腰，而不是硬碰，弯身才能通过。事物的发展是不断变化迭代的，一物降一物，长江后浪推前浪。因此做人不能自满，要以谦卑的"空杯"心态，守"谦"拒"满"，才能容纳得更多，学习到更多；要时时刻刻把竞争对手看得无比强大，时时刻刻抱有紧迫感，才能不断逼迫自己更快成长；要时时刻刻觉得自己懂的还很少，要做发动机而不是电灯泡，能在没有他人刺激的情况下，有强大的、独立的自我驱动力，突破自己的极限。这就是"少则得"。

如果一味追求物质名利，贪得无厌，德不配位，则得到越多，失去的也越多，这就是"多则惑"。

我们提倡为人在世，谨记"少则得，多则惑"，时时刻刻以如临深渊、如履薄冰的态度生活和工作，为社会、为他人多考虑多贡献。

为了功利而活着，奋斗的尺度是有限的；为了信仰和实现人生价值而活着，奋斗的尺度却是无限的。一个人到年老的时候，大脑记忆深处所剩余的一定不是你所拥有的物质财富，而是你曾经为这个世界、为这个社会的进步发展做过了什么。

君子务本，本立而道生

人生还是要有梦想和信仰的，一个人若整天碌碌无为，不肯艰苦奋斗就想财务自由，岂非痴人说梦？努力不一定成功，但放弃一定失败。力拔山兮气盖世，壮士为了远大目标而奋斗兮一去不复还。一个人不断在绝望中寻找希望，人生终将辉煌。看似遥不可及的目标，曾经一座座的巅峰最后只会成为奋斗者的背影，时间会证明一切。

在企业里，每个人、每个部门都要清楚自己的目标和方向，从上到下，都要不断地对准自己的目标和方向，持之以恒，这样工作才会越做越精，效率才会越来越高。正所谓：君子务本，本立而道生。

人活着是为了什么？为了每天抱着不求回报的思想、抱着利社会万物发展而不争的思想，每天进步一点点，结果自然是朝着正向发展。很多时候，千万不要抱着有回报才努力，没回报就不努力，很多成功是在艰苦努力积累的基础上才能从量变到质变，人世间从来就没有随随便便的成功。

一个人若能成功找到自己所擅长的领域，如鱼得水，可无穷无尽地挖掘自身发展的潜力，人与人之间的差距也会在此区分。你不相信能做成的，别人却无比坚定能做成；你失败几次就放弃的，别人总是千万次愈挫愈勇；你想逃避的，别人选择更加勇敢坚定乐观面对，"善战者不怒"没有情绪坚定地继续前行。

因此，一个人若想有所成就，就必须让自己积极面对，而不是遇事抱怨，找各种借口。没有任何抱怨，没有任何借口，你才有可能持续取得更大的成绩。

道隐无名

老子《道德经》第四十一章：

上士闻道，勤而行之；中士闻道，若存若亡；下士闻道，大笑之。不笑不足以为道。故建言有之：

明道若昧；

进道若退；

夷道若纇（lèi）。

上德若谷；

广德若不足；

建德若偷；

质真若渝（yú）。

大方无隅（yú）；

大器晚成；

大音希声；

大象无形；

道隐无名。

夫唯道，善贷且成。

行大道之人，很多时候会被误解，这是因为很多人看到的只是表象。其实，一切都是大道虚无所化生，人类看到的现象都是错觉。大道无影无形，是一切事物的本源和内在规律，并非一眼所能洞穿、一语所能言尽的。大道之下，一切物质、名利都是空幻的、虚无的。我们停留于表象的判断往往是肤浅的，甚至可能是歪曲的。唯有真正明智的人才能从表象中体悟本质，找到本源，才能正确地认识和理解世事。

含德之厚，比于赤子

《青春逝去，不是从皱纹开始》这篇短文，讲述了作者在法国的研讨会、艺术展、公共图书馆经常能看到很多老人孜孜不倦地学习，即使他们已经白发苍苍，甚至有的人听力弱化、视力不灵光。其中讲到了一位72岁的老爷爷，退休后自学西班牙语，每天雷打不动地坚持看2小时网络教学，再做2小时练习。对他们而言，学习已经成了一种信仰、一种习惯、一种生活方式、一种享受。相比起

来，我们的父辈们，很多人刚满 50 岁便觉得自己老了，学不了新东西，抱着等待退休的心态，懒于学习，怠于进取。真的是老了吗？现在中国人的平均寿命已超过 70 岁，50 岁的人尚有 20 年的漫漫长路，早早地"认命"，意味着好奇心和求知欲的丧失，这是对自己的放弃，是对人生的挥霍，也是对社会的不负责任。

生命有限，思想无疆。人的年龄有老幼之分，但思想不会有。就如同我的忘年交——联通集团联合创始人余晓芒老师，现年已 75 岁，退休十多年，却千百日如一日忘我地、永无止境地探索哲学极限问题，不禁让我感叹：现在又有几个年轻人可以做到如此热爱思考，每天追求 0.01 的进步呢？我经常说余晓芒老师的思想年龄只有二三十岁，他却认为只有一岁，他还很年轻，他的思想还可以走得更远。就如老子《道德经》所言：

老子《道德经》第五十五章：

含德之厚，比于赤子。毒虫不螫（shì），猛兽不据，攫（jué）鸟不搏。骨弱筋柔而握固，未知牝（pìn）牡（mǔ）之合而朘（zuī）作，精之至也。终日号而不嗄（shà），和之至也。知和曰常，知常曰明。益生曰祥，心使气曰强。物壮则老，谓之不道，不道早已。

始终把自己当作赤子一般，在追求知识的道路上永无止境。

优秀的人之所以令社会绝大多数平庸的人望尘莫及，是因为优秀的人每一项能力、每一个细节都比其他人优秀很多，更关键的是比其他人还拼命无数倍。其实，优秀的人只是每一个工作细节比其他人好一点而已，单一细节上所有人之间差距并不大，经过日积月累才导致整体能力产生大的差距，所以优秀的人总是那么近，却又那么远！

　　为什么优秀的人都敢于对自己狠，往往又对别人很温和？为什么真正优秀的人所获得的成就可以比其他人取得的成就大？因为人在科学正确的发展方向上进行超高强度地艰苦奋斗时，那种瞬间爆发的成长能力和工作成果，绝非松松垮垮、差不多就行的其他人所能比及的。一个敢于高要求自己的人，无论到哪里运气都不会太差。当你做喜欢的工作时，会激发出你人性中最美好的一面。

悟商

悟一商一强一身　雄健体魄

　　随着工作和生活节奏的加快，人的压力也随之增长，各种身体疾病不断滋生。好在现代医疗技术发达，人们都会"病急乱投医"，然而却也利弊相伴，因为我们越来越不了解自己的身体。悟商中所讲的强身健体，即了解自己的身体、了解自然、了解身体与自然的关系。正所谓"天下万物生于有，有生于无"，身体的反应是一种信号，需要我们去捕捉，并用专业的知识去破解，化不利为有利，最后达到强身健体的目的。而只有一个健康的体魄，才能让我们有足够的精力实现更多！本章中，我将介绍通过悟商思维去理解生活中的一些疾病现象，以及化解的方法建议，并通过总结这些经验来深化悟商思维。正所谓"久病成良医"，只有在病痛面前不断思考顿悟，下一次才能提前"病病"，而悟商的提高也是如此。

气聚而生，气散而亡

　　随着时代的发展，现代人难有"结庐在人境，而无车马喧。问君何能尔？心远地自偏。采菊东篱下，悠然见南山。山气日夕佳，飞鸟相与还。此中有真意，欲辨已忘言"的悠闲心情，生活、工作节奏越来越快，压力也越来越大，这造成了很多的悲剧。

　　曾有一位员工上班时突然放声痛哭，是因为她听到原工作单位的女老板猝死的消息。

　　压力与每个人如影随形，当压力和负荷超过正常的承受范围，或者思维活动长期处于应激状态，生命健康的和谐就会遭到破坏。这种破坏持续时间一长，就会使生命的和谐运动萎缩，免疫力下降，容易诱发生理病变，造成身心疾病。

　　七情（喜、怒、忧、思、悲、恐、惊）六欲（眼、耳、鼻、舌、身、意），若是过度则易伤耗元气。打个比方，一个人如果总是追求完美，总是承受高压，精神无法放松，每天对身体造成 0.01 的伤害，$0.99^{365}=0.03$，这样算下来，不需多久，就会产生极大的危害。

面对公司的经营管理，高负荷的工作会使人时常处于紧绷的状态。虽然我们容易因为工作着急生气，但要让自己尽快消化，不要让负面情绪停留超过 5 分钟，每个人每天晚上要尽可能排空大脑入睡。"放得下"也是一剂良药，放不下容易纠结，容易气血淤结，积累多了、久了将导致气血不通，引发大病。

《庄子·外篇·至乐第十八》记载：庄子妻死，惠子吊之，庄子则箕踞鼓盆而歌。惠子曰："与人居，长子，老身死，不哭亦足矣，又鼓盆而歌，不亦甚乎？"庄子曰："不然，是其始死也，我独何能无概然？察其始而本无生，非徒无生也，而本无形，非徒无形也，而本无气。杂乎芒芴之间，变而有气，气变而有形，形变而有生，今又变而之死，是相与为春夏秋冬四时行也，人且偃然寝于巨室，而我嗷嗷然随而哭之，自以为不通乎命，故止也。"

天下万物生于有，"有"又生于看不见的、摸不着的、听不到的无形的气。每个人身上都带有能量，这能量存在方式有正有负。健康、积极、乐观是正能量，多和带有正能量的人交往，他能将正能量传递给你，令你感染到快乐向上的情绪；悲观、体弱、绝望是负能量，跟带有负能量的人在一起，则会习惯看到反面，对未来悲观绝望，一边固守现状一边抱怨生活。

美国著名的精神科医师、心理学家大卫·R.霍金斯博士真正以科学实验角度证实了"善恶报应"的存在:"人类不同的意识层次对应着不同的身体能量振动频率,情绪越正面者,能量频率越高,反之则越低。"因此,一个人越是利他,"利万物而不争",他的能量越聚拢,密度越大,生命健康越发强大;倘若一味利己,一味争强好胜,他的能量愈发稀薄,生命健康将会遭受巨大挑战。"道法自然",世间万物生生不息,无不遵循着这个自然规律——"气聚而生,气散而亡"。

提高免疫力适应自然

免疫力是生物进化过程中的产物。数百万年来，人类依靠免疫力不断适应着这个既适合生存又充满危险的地球环境，同时在适应的过程中不断提高着免疫力。因此，我相信如果人体的免疫力能够提高到承受得住如此严重的雾霾天的程度，那么经过治理，雾霾天逐渐减弱，人体便能更轻松地适应。决定人类的生存能力的因素不是有没有雾霾天，而是在雾霾天中不断提高的免疫力，它才是人类适应自然环境的基础。

如果把雾霾天比作人生中遇到的苦难、危机、压力，那么一次次选择逃避只会令人更加不敢面对现状，更加容易放弃，反而无法锤炼自身的社会生存能力。外界环境难以改变，因此抱怨世界不如改变自己。只有不断提高自己的生存能力，才能达到更高的人生高度。

随着医学的发展，人们越来越多地依赖药物来"代替"身体器官的抗病能力，人体的自愈力也受到了削弱。预防医学界的专家们认为，现代医学理念的"疾病治疗"主要是依靠各类药物的作用，而各类药物在发挥作用的同时，其副作用是以损坏患者部分机体功能并加速其衰老为代价的。即使非常先进的现代医学，也并不能从真正意义上治好疾病，其结果往往是药物的副作用加速了生命体细胞组织的老化。世界卫生组织（WHO）呼吁，要摆脱"对药物的依赖"，拥有真正的健康就应从增强人体的自愈力着手。修缮人体各器官功能，帮助机体维持并恢复自主健康的能力。这是人类命运的呼唤，也将成为未来医学发展的趋势。

2019新冠肺炎（COVID-19）疫情的危机，让更多人意识到加强身体免疫力防范、增强自愈力的重要性。其实免疫力是生物进化过程中的产物，数百万年来，人类依靠免疫力不断适应这个复杂的生存环境，免疫力就是人体对抗病毒的强有力保障。对待各种疾病，西医讲究重急救易陷入恶性循环，中医注重调养却往往能根治。

加强免疫力，重视自愈力，摆脱药物依赖，就是减少人类有意识、"有为"地干预人体平衡，这种人为干预会导致人体自愈力下降，影响身体的健康。因此，提高与重视自愈力，正是老子告诫我们的：要尊重规律、尊重自然，要通过"无为"的方式去调节身体，不能过多依赖人为干预去抵抗疾病。

对慢性疾病，西医重急救易陷恶性循环，中医重调养却能根治

得了疾病轻则输液，重则动手术，其实很容易破坏身体的免疫功能，就像慢性自杀。很多时候，身体疾病完全可以用经络按摩器连续敲打来消除并根治炎症。

《中医养生智慧》主讲人樊正伦教授也讲"西医在治病，中医在治人"。他在《养生的智慧》书里举了一个例子，有一个在北京工作的北欧人，右侧长了一个卵巢囊肿，德国医生检查说只能手术摘掉，而他跟这个北欧人讲既然能长出来，从中医的理念上看就能消下去。她不信还是到德国做了手术，把右侧的卵巢摘掉了。但这个北欧人三个月以后回来找他说左边的也长出来了，自己还没有孩子不敢再摘了，问能不能吃中药。他给她开了药方，让她吃了三个多月的中药，再去医院检查卵巢囊肿

没有了。她问既没动刀子也没动剪子，怎么就消下去了？他给这位患者讲了下面的例子：

众所周知，木头上可以长蘑菇，但不是所有的木头都会长蘑菇，木头只有在特定的环境下才能长出蘑菇来。人体的某个地方长了一个东西，就像木头上长了蘑菇，怎么消除？只有两种办法，一是摘掉蘑菇，但它不是根本的办法，如果环境不变，蘑菇还会再长出来。还有一种办法是改变环境，如果把长了蘑菇的木头放到伊拉克的沙漠里，就算长出来也会缩回去。中医用中药的药性改变了身体的内环境，用药性的偏性纠正了人体的偏性，使得被破坏的平衡达到一种新的平衡状况，把能够长蘑菇的环境调整过来，使之不具备生长条件，就长不了，即使长了也会消下去。

"西医老想杀死谁，但谁也不想死，大自然不让它死，它会千方百计地变异，今天用了，明天就没有用了，例如现在西方医学已经非常慎重地使用抗生素。而中医更强调以和为贵，通过调整状态，撤掉疾病的环境使得不具备发展条件。"[①]

樊正伦教授说的道理浅显易懂，透彻明了，更加坚定了我的理念：西医注重急救，但治标不治本，容易复发，导致恶性循环；而中医注重调养，却能根治疾病。是药三分毒，中药亦然，因此我甚至不推崇吃太多中药，更崇尚经络敲打的自然疗法。

经络敲打自然疗法，古代称"拍击法"，在唐代孙思邈《千金要方·养性》书中有言："若有手患冷，从上打至下，得热便休""若有

---

① 专家：中医与西医的本质区别究竟是什么 [EB/oL].[2008-09-03]. 凤凰资讯视点 .

脚患冷者，打热便休"；明代李梃《医学入门·历代医学姓氏》书中介绍"马湘，字自然，唐之杭州盐官县人。世为县吏，湘独好经史，攻文学，善诗，有神术，治病以竹杖打之，应手便愈"……这些都是对经络敲打自然疗法的经典论述。《黄帝内经》中早有记载"经脉者，所以能决死生，处百病，调虚实，不可不通"。中医认为经络是联系脏腑、体表以及全身各部位的纽带，是人体气血运行的通道，为人体输送能量，同时也帮助人体抗御病邪，因而保持全身经络通畅对人体健康至关重要。

按摩锤

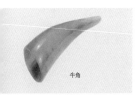

牛角

颈肩乐
按摩器

人体本身具有强大的自我修复能力，通过经络敲打——用手的不同部位或各种工具对人体的经络及穴位或病变部位（痛点）进行有规律地击打，经皮透肉达脉，对经脉产生良性刺激，将被破坏的病细胞通过大小便和皮肤排出，祛除紊乱恢复正常，达到行气活血、舒筋活络的功效。当经络调顺，正气旺盛，由这些经络所主导的各种不适症状自然烟消云散，此即"通则不痛"，还能增强人体的免疫力。经络敲打自然疗法简单便捷，疗效优良，无副作用。

我采用经络敲打方法治愈了自己和身边很多朋友的病。一位老人年轻的时候，天热贪凉经常往大腿上泼冷水，年纪大了就疼痛不止，吃了不少药都没用。我告诉他坚持2个月，每天使用按摩器敲打大腿2个小时，哪里痛敲哪里。刚开始敲打的时候剧痛难忍，慢慢地，痛感逐渐减弱，最近基本上没事了，原来楼梯都走不了，而现在可以爬海拔500米的山了。

五年前我患了急性支气管炎，咳得非常厉害。但我只用按摩器每天敲打背部的定喘穴，坚持了几天就逐渐好转，没多久就完全好了。这么多年，我就是靠一把按摩锤、一个牛角、一台鼓动捶打式颈肩乐按摩器，治愈了我所患过的病，再也没有去医院。按摩锤负责捕捉痛点，一发现便用按摩器连续敲打直至不痛；牛角用来刮头，把脑袋上因为过度思考积起的颗粒刮平，消除疼痛；按摩器用来敲打颈肩背，行气活血。同时经常用手指捏捏耳朵，也能达到一定的效果。

只要平日注重保健养生，自然神清气爽，而手术只有在需要急救、不得已的情况下才去做。无论是站着、走着、躺着，都可以用手以适当的力度拍打或用按摩器敲打自己的头部、颈部、手臂、肩部、背部、大腿等部位，三分酸痛即可。敲打结束后，喝一大杯温热的开水，再洗个热水澡。如此长期坚持，必然浑身舒畅，百病全无。

积极对待疾病

"塞翁失马，焉知非福。"没有绝对的坏事，也没有绝对的好事，就看你的心态如何，以怎样的方式去对待。我们看"危机"，重要的是看危险中是不是有新的发展机遇。人生在世，哪个人没有委屈？是委屈撑大了胸怀，是苦难磨砺了意志，逆境方显真本色，战胜它们才能战胜最大的敌人——自己。

疾病也是如此，它不只是强壮身体的良药，更是强大意志的催化剂。我们应该这样认为：平时的

疾病是上苍送给我们的礼物。生病时，如果能够处理得当，通过经络敲打、艾灸、针灸等中医自然方法治疗，乃"柔弱胜刚强"能"反者道之动"，化不利为有利，提高自身免疫力，避免患上更为严重的疾病，甚至可以大大降低绝症的患病率。

反者道之动，弱者道之用，
张弛有度才是健康根本

　　我们的身体需要通过运动健身来养护，这样才能维持生命动力。运动不仅能强身防病，还能使人心情舒畅。运动加快了人体的新陈代谢，在身体运动的节奏和韵律中，烦恼、急躁、不开心统统都减轻了，睡眠也会变好。

　　人都是懒惰的，在极度疲劳或生病的情况下，更要战胜惰性，坚持运动健身。不管是疲劳还是生病，身体都是很难受的，但并非都是坏事。《道德经》上说："反者道之动，弱者道之用。天下万物生于有，有生于无。"疲劳或者疾病刺激身体免疫机能，此时如果坚持用按摩器连续敲打背部的定喘穴、大椎穴等人体核心穴位，随着电能转化为热能传递到身体内部，刺激相关经络穴位，帮助全身免疫系统更好地发挥作用。这样一来，不仅病情得到反转，还能提升免疫力，这是"反者道之动"；

千百日如一日地坚持运动健身，这是"弱者道之用"。

　　人体本身带有自我修复功能，若生病了就吃西药、打点滴则是"硬碰硬"的行为。"人之生也柔弱，其死也坚强。万物草木之生也柔脆，其死也枯槁。故坚强者死之徒，柔弱者生之徒。"若能像太极阴阳转化那样，用各种保健手法及运动方式来反转，则既能消除病症，又能持续提高自身免疫力，何乐而不为？

柔弱治百病

　　工作和生活，不论在哪里都会有压力，而有很多人却扛不住压力，常感到身心崩溃。这与他们不懂得驾驭自己的思想和心态，不能乐观开怀地面对，不懂释放自己的压力有关。

　　据医学研究发现，每天运动 30 分钟，能有效缓解 30% 的压力。坚持运动是解压的好方法。读书也是减压的好方法，通过阅读，我们可以从书中汲取精神的食粮和养分，可以让浮躁的心灵得以宁

静，引发我们沉思、省悟，让心境得以豁然开朗。但常是战胜别人容易，战胜自己难，很多人常无法克服懒惰、驾驭自己。

万科集团通过将绩效和体重挂钩，用工作成果／员工体重来衡量绩效，通过制度无为地要求每个人自主运动，不仅锻炼了身体，还战胜了自己。

通过运动养生和科学的作息，"反者道之动"，在工作、生活照旧的情况下，却能每日有 0.01 的改变，$1.01^{365}=37.8$，身体自然越来越好。而如果将作息颠倒了，一天高强度的工作，下班时精神状态已经不佳，此时继续工作，工作效率可想而知。同时，压力也没有得到释放，甚至还会导致失眠。压力持续积累，即使每日有 0.01 的影响，$0.99^{365}=0.03$，身体也会逐渐恶化，就会很容易患病。

身体通过生病的方式告诉我们哪里出现问题了，如果疾病不是急性的，采用柔弱的康复手段，不仅能治愈疾病，还能提高免疫力；如果采用刚强的手段如打针、输液或动手术等，往往病好了，但人的体质会变虚弱。身体有自我康复的能力，只要保持精神愉快，坚持运动，众多疾病都能被消灭，身体也会越来越好。

季节养生

人们大多喜欢夏天喝冷饮吹空调，冬天喝热饮吹暖气，其实这是不对的。如果每个人能做到自然，让房间夏热冬冷，就是说夏天尽量不开空调以出汗修阴；冬天开窗透气以受冻修阳，加强身体主动适应外界环境的能力，便能加强身体修行，否则"冬天不冷，夏天不热，迟早要坐病"。

谚语有云："夏有真寒，冬有真火。"夏天以体内的"阴"平衡体外的"阳"，若常吹风吃冰，将会导致阴虚怕热；冬天以体内的"阳"平衡体外的"阴"，若常抱暖取火，将会导致阳虚怕冷。"人法自然，人顺四时。"生活在天地间的人们要按照四时的春温、夏热、秋凉、冬寒规律养生，当身体逐渐同自然之"道"融为一体，就能适应外界环境，少生疾病。

夏令三伏，气温最高，阳气最盛，人体为了顺应天时处于"春夏之时，阳盛于外而虚于内"的境地，此时需养阳，不宜过度贪凉而导致阴虚阳溢。若一味贪凉，长期处于空调环境或不盖被子使劲吹风扇，经常喝冷饮泡冷水，不但不能消暑还会伤阴。因为夏天流汗使身体偏冷，再遇冷则会导致寒气入侵，若体内寒气不能及时排除则容易伤阴，导致体质 0.99^n 的退步，所以夏天反而应多喝热水热饮，把体内的寒气逼出来，才能补阴化阳，不怕热。

因此，夏天顺时养生。我们尽量不要喝冷饮，而要多喝热饮；最好不要吹风扇开空调，即便使用也应时开时关，不能长期开着；睡觉休息时，空调宜采用定时操作，一般1～2个小时即可保证舒服入眠；若空调没有定时功能，可提前2个小时打开，将室内温度降下来，入睡时再关掉即可。

"秋冬之时，阴盛于外而虚于内。"秋冬天气干燥寒冷，大多数人穿得严实，体内偏热，可以适当喝萝卜汤，甚至可以吃冰棒喝冷饮养阴，中和内阳。

悟商

悟｜商｜应｜用（一）

三生万物的企业创生论

引言

悟商思考能力可以广泛地运用于企业运营与管理之中。对于企业所处的每个发展状态，该怎样看待并寻找突破点？应当给企业制订怎样的目标和计划才能实现企业更长远的发展？面对激烈的市场竞争，怎样才能知行合一，化不利为有利？企业内部的运行管理、企业人才的使用与培养等，都可以通过悟商来提高，在企业经营过程中亦可不断总结提炼悟商。

企业作为一个组织实体，也只有像人一样，不断地"悟"，才能实现发展突破。企业管理理论可当作参考，优秀企业的成功经验也可以拿来虚拟实践，企业自身的任何成功和失败经验都需进行反复地总结思考，发展与"悟"同时进行，这才是企业管理之道。

反者道之动的企业发展哲学

互联网的发展给传统的商业模式带来了颠覆式的冲击，当传统的企业家们还在谋求借助"互联网＋"转型升级时，已经有一种颠覆互联网的趋势悄然兴起，那就是"物联网"。

物联网是一个新的江湖，一个比互联网大太多太多的江湖。可以断言，未来所有的公司都是物联网企业。他们享受着物联网的各种便利，利用物联网工具和技术，生产物联网产品，为人们提供物联网服务。

老子《道德经》第四十章：

反者道之动；弱者道之用。天下万物生于有，有生于无。

物联网是在互联网发展的基础上，进一步向前发展，把所有事物都传感化、智能化和互联网化。

物联网是在互联网发展周期的基础上，向新的发展周期发起的"反"，"反者道之动"也。随着事物不断向前发展，量变到质变，相信未来又会有新一轮的"反者道之动"的周期发展。

变是不变的规律，宇宙万物每天都在奔流不息地向前发展变化。世间没有"前沿的创新"行业，今日各式各样的高科技企业，终有一天也会成为未来的传统行业。这就是"弱者道之用"。

"逝者如斯夫，不舍昼夜"，若稳定不变，则意味着死亡。每个企业必须做到每日向前看，每日进行微创新——"弱者道之用"，直至未来产生巨大创新——"反者道之动"。从这个角度看，新兴产业永远在未来，不在今日。

要获得更大的效益，不仅要创新，还要比别人更早发现，更早行动。如同 20 世纪 90 年代就开始钻研互联网电子商务的互联网企业，那时并不被看好。而如今证明，越早创新，越是能形成强大的发展势能，势能越大，企业发展规模便越大。

"天下万物生于有，有生于无。"虚无的自然规律之道始终主宰着宇宙的发展，生生不息，自然而然。企业的创新发展高度取决于对虚无的自然规律的理解深度，"顺道而兴，逆道而亡"。

静生动，动归静

有这么一个故事：A不喜欢吃鸡蛋，每次发了鸡蛋都给B吃。刚开始B很感谢，久而久之便习惯了。习惯了，便理所当然了。于是，直到有一天，A将鸡蛋给了C，B就不爽了。她忘记了这个鸡蛋本来就是A的，A想给谁都可以。为此，她们大吵一架，从此绝交。

其实，不是别人不好了，而是我们的要求变多了。习惯了得到，便忘记了感恩。孟子曰："生于忧患，而死于安乐也。"忧虑祸患可以使人生存，而安逸享乐则使人萎靡死亡。

市场瞬息万变，竞争激烈，我们应该十年如一日地加强危机意识，坚持奋斗。每个人的青春是短暂的，但是浪有起伏，路有曲折，人有进退，我们不要忘记了事业会有低谷，不要忘记了人生会有下坡路。若要持续向上，就不要给自己任何借口，不要给自己留有退路，只有勤奋不懈，才有可能实现目标。

老子《道德经》第十六章：

致虚极，守静笃。万物并作，吾以观复。夫物芸芸，各复归其根。归根曰静，静曰复命。复命曰常，知常曰明。不知常，妄作凶。

知常容，容乃公，公乃全，全乃天，天乃道，道乃久，没身不殆。

稳定意味着死亡，只有静中有动，动中藏静，企业方能生生不息、可持续发展。我们暂且把各种挫折、各种碰撞当作"动"来看，"动"才是世间万物的常态，只有"动"才能萌发新生，才能发展进化，才能造就成功。"功成事遂，百姓皆谓：我自然。"这是动达到一定的层次，形成了特定条件下的稳定，达到了静。然而这种"静"并非事物发展的终点，正是在静中继续延续"动"的过程，事物才不断向前发展。

我们也可以把"动"看作是阳，"静"是阴。阳生而阴长，每天"炮火隆隆"，集体的每一个人才能不断得到进步，公司才能不断向前发展。一家企业拥有什么理想，用什么水平的理念推进企业"动"的过程，结局也是不同的。

发展不忘初心

美国《财富》杂志刊登的有关数据显示，美国大企业的平均寿命不超过 40 年，中小企业的平均寿命不足 8 年；一般的跨国公司平均寿命在 10～12 年；世界 1 000 强企业平均寿命是 30 年，500 强平均寿命也仅为 40～42 年。由此可见，成为百年企业是件相当困难的事。美国著名的智囊公司——兰德公司花费了 20 年的时间跟踪世界 500 家大公司，发现百年不衰的企业具有一个共同的特征，就是树立了超越利润的社会目标，不以利润为唯一追求目标。

诚然一家企业要想做成百年企业，一定不能只考虑自己的经济利益，也要考虑社会价值，这样才可能获得真正的长久。为什么世界上存在最久的组织是教会和大学，而不是每个时代叱咤风云的企业？正是因为教会和大学的存在是为了社会和公众的需要。如果想成为一家基业长青的企业，那么，无论社会如何变化，都应当真正考虑并满足社会和公众的需求，顺民意、解民忧、得民心，基业方能长青。因此，一家企业能不能流芳百世，并不取决于它获得的成就，而是看它给后人留下了什么样的财富。

在公司内部真正受人尊敬的必定是一个无私的人。他们一直以来都是从公司的全局、从绝大多数人的共同利益出发，而不是只考虑本部门局部的或是个人的利益。只有这样，才能真正有利于公司、部门及个人的长久发展。对于管理者而言也是一样的。管理即服务，管理者本身是没有任何特权的，"善用人者，为之下"。管理本身就意味着承诺和责任，即肩负组织绩效和下属成长。因此一个管理者要经常问自己："我做这件事情对组织的绩效有没有帮助？""我做这件事情对组织价值的确立有没有帮助？""我做这件事情对培养和开发明天所需要的人才有没有帮助？"无论今天我们的工作做得有多好，最多都只能打 60 分，剩下的 40 分还要留到明天去评判。

找准不变性，知行合一

　　四川航空公司有着一套成熟的资源整合商业模式，它一方面提供五折优惠的机票，另一方面给乘客提供免费接送服务，这一举措为四川航空带来上亿元利润。

　　川航与风行汽车合作，以9万元的价格集中一次性购买了150台原价14.8万元的MPV休旅车，提供给风行汽车的条件便是要求司机于载客的途中帮风行汽车做广告。每一部车可以载7名乘客，以每天3趟计算，150辆车带来的受众人数超过了200万，达到了良好的宣传效果。

　　同时，因为川航提供了一条客源稳定的路线，并特许经营费用、管理费用，便以一台休旅车17.8万元的价钱出售给司机，并提供每载一名乘客25元的提成。川航因此立即进账了1 320万元人民币。

　　接下来，四川航空推出只要购买五折票价以上的机票就免费市区接送的活动，形成了完整的资源整合商业模式。

面对众多个人消费者，企业可通过一系列可控的、自然而然的连锁反应实现盈利，这样的连锁反应需要基于一定的不变性资源，并进行大胆创新。四川航空便是利用既有的大量乘客资源，开拓了新的商业模式，找到了新的盈利点。

任何生意都是中介的生意。房地产公司是中介——买地建房再卖给消费者；电子商务也是中介——把商品展现在网络上，一方连接消费者，另一方连接商家；甚至渔民捕鱼到市场去卖也是中介，一方是大自然提供的食物，另一方是食客。他们通过中介方式将资源市场化，满足了消费者需求。中介生意做好的关键，就在于如何把不变性资源进行整合创新，最大限度地发挥资源的有效性。

人类依靠自己的劳动获取资源，而劳动也是造物主赋予人类的特殊才能，是人类本身的不变性资源。在千万年物竞天择的过程中，人类正是在自然规律下，用自己的劳动生存进化至今。造物主是公平的，它让宇宙在规律中循环往复，不断前进。因此，在任何活动过程中，人类的主观能动性都要符合客观规律性，只有符合规律、利用规律，才能有效促进发展，而这些都取决于悟性水平。通过基于悟性的知行合一，人类才能更好地认识世界、改造自我、创造未来。

一把手的悟商能力是
企业生存和发展的关键

一只狼带领一群羊，一只羊带领一群狼，哪个厉害？这个问题已经有共识，就是"一只狼带领一群羊"厉害。

社会在不断地进步，如果一个人的综合能力以及进步水平只达到社会的平均水平，那么他也就只能获取社会平均工资；而如果一家企业一把手的综合能力以及进步水平只达到社会的平均水平，那么他领导的企业一定是破产倒闭的命运。一家企业的高度往往取决于一把手的高度，一把手就像一只狼，他可以带动几万人乃至几十万人的发展，而几千个优秀企业家就可以带动社会几亿人的发展。

企业家的核心使命是让企业保持持续的盈利发展。要实现这个目标，一个优秀的企业家，不仅要深谙人性，还要有同理心；不仅要有战略的思维统筹全局，还要有长远的眼光选择业务模式并不断挖掘新的业务；不仅要清楚知道企业的长短板，不断学习补足短板，还要培养指导员工成长；不仅要自信，还要给大家传达信心。而综合这些素质的，便是悟商能力，一个企业家的悟商能力若超凡脱俗，企业的成功发展也就是必然的。

老子曰："有道无术，术尚可求；有术无道，止于术。"一个企业创始人不应该以自己越来越勤奋来证明自己的企业经营很优秀，而应该以自己经常不在但企业仍正常高速运转，这样才能体现所创办的企业发展是成功的。

一个企业能否快速发展往往取决于企业创始人各种有效的创新发展想法。企业创始人不在公司不代表无作为，而是指企业创始人应该多务虚，多出去学习交流。务虚决定了企业未来的发展高度，务实的工作应该依靠团队去完成，创始人越忙于琐碎的工作越说明这个企业没有前途，创新思想的务虚能力决定了一个企业能够走多远。企业创始人多多务虚，才能给予整个企业团队更多平台与发展机会！

木桶理论

　　木桶理论，是大家熟知的管理理论，是由美国管理学家彼得提出的。该理论指出：木桶是由许多块木板箍成的，盛水量多少是由这些木板共同决定的。若其中一块木板很短，则盛水量就受到短板的限制。这块短板就成了木桶盛水量的"限制因素"（或称"短板效应"）。在企业管理中，多项木桶理论均可应用于实践中。

　　我们先来说说，为什么要用圆桶盛水？我们知道：周长相等的条件下，圆形的面积大于方形（正方形、长方形）的面积。

　　圆的面积$=\pi r^2=(2\pi r)^2/4\pi=$周长的平方$/4\pi$，而正方形的面积$=a^2=(4a)^2/16=$周长的平方$/4^2$，$4\pi<16$，可见，周长相等，圆的面积大于正方形的面积。而长方形的面积$=(a+b)(a-b)=a^2-b^2$（$b\neq0$），所以周长相等，正方形的面积大

于长方形的面积。

圆桶的盛水量是最大的。一个组织要强大，就要有整体运作协调性，要有向心力，要围绕一个圆心，一起使力。

同时，木桶至少要有两块最牢固的木板装成提柄，才能轻松提取，这两块长板必须能负荷起整个木桶的重量，这就是板块的"明星效应"。若木桶的板一样长，只能说明木桶有储水潜力，如何发挥潜力及运用，则必须要有一定的借力，运用提或拉的动作操作起来。这时，只有两块木板比其他木板更长更牢固，才可以在上面装上借力的提柄，经得起提拉。因此，一个组织必须培养核心竞争优势，以核心优势统领企业发展，才能使企业大步快跑。

另外，根据木桶的短板效应，公司的每一个部门、每一个人的水平是参差不齐的，一个人的能力也有优劣势，而往往是劣势部分限制着整体发展水平。因此，我们要正视自己的"短板"，不断改进，尽早补足，"为学日益，为道日损"。

职场中人与人之间的差距，第一在于是否对业务有深刻理解，是否具备高效解决问题的能力；第二在于是否永远精神抖擞、充满激情；第三在于是否具备艰苦奋斗、永不放弃的品质。

做销售也是如此，销售人员是通过沟通来说服对方支持自己。假如一个销售人员的沟通能力差，只能比其他销售人员更加拼命努力；假如这个销售人员沟通能力差又不思进取，那还不如早日放弃。如果一个销售人员沟通能力差，建议要在寻找精准目标客户方面付出巨大的努力，无论晚上、周末、节假日都要加班分析目标客户，多想想自己能够为客户创造哪些更多、更新、更高、更差异化的价值，基于利万物而不争的天道酬勤定律，就一定可以让自己的业绩超越他人。假如连这点努力都做不到，那还是早日放弃做销售吧，因为那实在是浪费生命。不断吸取经验教训，坚持艰苦奋斗，我相信每一个销售人员都可以获得成功！只要愿意付出，所有销售人员的业绩也一定会有跨越式增长！

德与才

　　司马光在《资治通鉴》里就有论述："夫聪察强毅之谓才，正直中和之谓德。才者，德之资也；德者，才之帅也。"他给圣人、君子、小人下定义："是故才德全尽谓之圣人，才德兼亡谓之愚人，德胜才谓之君子，才胜德谓之小人。"自古以来，国之乱臣，家之败子，才有余而德不足也，所以他提出的选才标准是"苟不能得圣人君子，与其得小人，不若得愚人"。

企业的用人原则是：无才无德是废品，坚决不用；有德无才是次品，培养使用；有才无德是危险品，限制使用；有德有才是正品，提拔重用。

可见，价值观（德）比工作能力（才）重要，企业中有两种人最可怕：一种是价值观差、能力一般的人。他们往往眼高手低，做出小小成绩便自以为功劳比天高，将会成为集体的负能量。另一种是价值观差、能力强的人。他们一旦做出背德之事，将会对集体造成极大的损害，而且能力越强，损害越大。

能力一般的人，只要价值观好，就可以培养使用，而且对集体来说会比上述两种人发挥更大的作用。

稻盛和夫给京瓷公章管理定下一条雷打不动的规矩是：公章任何时候不能出他的房间一步。盖章经过 5～20 道审批程序，要盖章需他的秘书给开门；在房间里有一个大大的保险柜，保险柜的钥匙在一个部门的专人手里；保险柜里面，又有一个放公章的保险箱，保险箱的钥匙放在另外一个部门的员工手里。盖一个公章，除了走正常的审批程序外，还要经过这三个人，才能拿出公章盖上。

起初，公司内部也有人抱怨："老板，你这不是拿我们当贼防吗？"稻盛和夫说："别这么说，我通人性。一秒钟之内人可能有 1 000 个念头，其中 999 个是正向的，就有那么一个是负向的，碰到那一个瞬间，好人就可能变成了坏人。偏偏这时有一个至交的公司需要盖个章，你以为没大事就盖了。出了事这不是你不好，是我这个当家人没有保护好你！严格的规章制度，是公司保护员工的一道网。我爱你们每一个人，我不愿意你们任何一个人出事。你们出了事，都是我的责任！"

做企业，相比外部风险而言，更让人担心的是内部风险。稻盛和夫对企业对人性的管理值得我们学习：德重于才，基于人性，企业如果用管理防范风险，那么就是对企业也是对员工负责。员工个人更是需要对自己严格持戒，遵守职业道德准绳。

态度决定高度

从足球比赛的角度看，销售就像前锋，十个球的机会能打进三个球就是英雄。而后勤部门就像中后卫、守门员，不能有失误，一次失误就可能会酿成大错。

对于销售来说，一个简单问题，一次小纰漏，就可能会使得客户失望，从而在竞争中被踢出局。而这与精力无关，与态度相关。态度决定高度，同一件事，不同的人不同的态度，结果却会大相径庭。究其原因，只有一个，那就是有没有一个好的态度，有没有"发力"。十多年来，无论再小的事，我一直都会提前"病病"，都会加大力度，放大十倍去重视。

守门员也存在素质的差别，对守门员的能力属性要有基本要求，有些必须 100% 达标，在这上面是不能犯错误出疏漏的；而对具有难度的动作至少要有 80% 达标，剩余 20% 要在工作中不断提高。如果将后勤部门比作守门员，那么就必须要求后勤队伍拿出百分之百投入的态度。

人生所有的能力都必须排在态度之后，态度决定一切。不同的工作态度往往代表不同的人生观和价值观，也意味着选择了不同的发展道路。一个人工作态度不好，相当于与成功的方向背道而驰。因此，不同的工作态度本质上相当于选择了不同的人生发展道路，最终人生的命运也会大不相同。

圣人常善救人，故无弃人；
常善救物，故无弃物

一个公司的理念应该是：客户、企业、员工、社会共成长。从企业发展角度来看，管理者负有培养下属的责任。一位好领导要能对下属进行有效的培养和指导，让下属得到成长和进步，反过来更出色地完成工作任务，从而实现与下属的双赢。

俗话说："金无足赤，人无完人。"任何一个管理者，面对能力较弱的员工，要有耐心，要给他成长的时间和空间，不要放弃任何一个人。正所谓"尺有所短，寸有所长"。员工的一时失误不能抹灭他的长处，如果他心态积极，面对批评不申辩，面对压力不气馁，面对委屈不退缩，那么他最后一定能够成才。同样，作为管理者也要具备一定的胸怀和气度。

老子《道德经》第二十七章：

善行无辙（zhé）迹；善言无瑕（xiá）谪（zhé）；善数不用筹策；善闭无关楗（jiàn）而不可开；善结无绳约而不可解。是以圣人常善救人，故无弃人；常善救物，故无弃物。是谓袭明。故善人者，不善人之师；不善人者，善人之资。不贵其师，不爱其资，虽智大迷，是谓要妙。

悟商

悟／商／应／用（二）

思行融一

引言

　　世界观是指人们对世界的基本看法和观点，它是人对事物的判断的反应。人是在对世界的认识中不断成长的，因此看待世界的方法至关重要。悟商是一种思维方式，它能指导人们如何看待世界；悟商同时也是事物之间的一种本质联系，社会万事万物的运行之中即包含了这种联系，需要在认知的时候透过现象看到本质。从情感牵绊到社会责任、从战胜自己到服务他人、从个人命运到精神意志，都可谓"一切有为法，如梦幻泡影，如露亦如电，应作如是观"，世间万物总是相对的，然而却均有一种不变性在主导着这些相对性。本章中，我将从一些社会运行的案例中，提炼出悟商感悟，以点见面。

人一落地便开始了与
父母渐行渐远的旅行

所有的家长都应该明白一个道理：太过宠溺孩子，受害的是孩子。

孩子从出生的那一刻起，便注定无论在自然属性还是社会属性上，都要慢慢与父母分离，他们必须逐渐依靠自己的能力独立生存。

欧美的小学，从小就教育孩子如何独立生存于社会，而相当一部分中国的孩子，甚至到了成年还在依赖父母，成为啃老一族。

但自然规律告诉我们，婴儿只要一落地，便开始了一场与父母渐行渐远的旅行，父母不可能陪伴孩子一辈子。相反地，每个人都要长大，要照顾父母，要生儿育女，将生命传递下去，这一切都要靠自己。虽然奋斗永无止境，身体可能过度耗损，但是我们必须成为勇士，履行上苍赋予我们的使命。

不变性主导命运

任何人走向成功之路都必须要一直有这样的理念："永不放弃！永不抛弃！"每天不断改变自己，补足短板；每天不断思考，提高悟性。

有人问一位智者："请问，怎样才能成功呢？"智者笑了笑，递给他一颗花生，说："用力捏捏它。"那人用力一捏，花生壳碎了，只留下花生仁。"再搓搓它。"智者说。那人又照着做了，红色的种皮被搓掉了，只留下白色的果实。"再用手捏它。"智者说。那人用力捏着，却怎么也没法把它毁坏。"再用手搓搓它。"智者说。当然，什么也没搓下来。"虽然屡遭挫折，却有一颗坚强的百折不挠的心，这就是成功的秘密。"智者说。

一帆风顺的成长历程往往容易使人忘记隐忍，忘记本分，忘记拼搏，没有经历过大风大浪也容易让人失去拼搏的决心和毅力。公司通过校园招聘的应届生比社会招聘人员的离职率要高，这个现象也一定程度上说明了这个问题。

　　曾经，河南一名女教师的辞职信在网上火了起来，火的理由是她那简短富有情怀的辞职申请："世界那么大，我想出去看看。"应届毕业生怀揣着多少梦想、多少雄心壮志进入到公司，在工作中不可避免会遇到压力，遇到烦恼，于是发现现实与梦想的差距，不甘平凡的内心便在呐喊"外面的世界很精彩，我想出去看看"。但是，他们忘了，后面还有一句："外面的世界很无奈。"

　　人生，一定有某种不变性在主导一个人的命运。比如水滴石穿，比如绳锯木断。而我一直以来不变的就是对逆境的承受能力，在任何环境下都不抛弃、不放弃，并促使自己去积极改变。任何人，只有经历磨砺，坚守理想，才能成长为参天大树。

　　莫泊桑在小说《人生》中写道："生活永远不可能像你想象得那么好，但也不会像你想象得那么糟，无论是好的，还是糟的时候都需要坚强！"人的一生，想要活得漂亮，第一是不抱怨，第二是不放弃，忘掉所有那些"不可能"的借口，去坚持那一个"没问题"的理由。正如海明威所说："生活总是让我们遍体鳞伤，但到后来，那些受伤的地方一定会变成我们最强壮的地方。"

　　每个人都应该感谢和珍惜自己那些感到无助的时刻，因为每个人所经历的最绝望、最失败的日子其实是自己愈挫愈勇，越吸取教训越成长，也越快速提高生存能力的日子。每个人在自己感觉无能绝望的时候，若能更加积极奋斗，坚持熬过最黑暗的时刻，那未来还有什么比此时更加难过的呢？所以每一段无助绝望的日子其实是一个人最为无价珍贵的日子，因为一切都是为了更好的出发！

图难于其易，为大于其细

老子《道德经》第六十三章：

为无为，事无事，味无味。

大小多少，报怨以德。

图难于其易，为大于其细。

天下难事必作于易，天下大事必作于细。

　　难是由无数个曲曲折折的容易组合而成，大是由无数个高低远近的细微组合而成。因此困难的本质是容易，宏大的本质是细微，所以解决一切看似无法解决的困难，以及希望达到的宏大发展目标一定是从解决最容易细微的问题做起，日复一日马拉松式的耐力坚持，每天做最容易、最细微的事情不断累积，促使量变到质变才能达到每个人想要到达的人生高度。

　　决定每个人上限的，往往不是走顺风下坡路的能力，而是走逆风上坡路的能力。最为无价的是每个人最为绝望无助的时刻，最为廉价的是每个人最为成功腾达的时刻。每一个孤苦无助的失败波谷恰恰是走向下一个更加成功波峰的起点。

挫折使人成长，困难磨练能力，优秀的人总是能在别人的绝望中寻找到机遇。能力不足就多学习，运气不好就多努力，时机不对就多尝试，不希望自己在公司需要的时候只能作壁上观。在对应的岗位就应该做出对应的成绩，所以更需要去反醒自己的不足，更需要坚持去努力进步。一个公司的发展是由个体集聚在一起发挥自身的能量来支撑的，所以任何时候都要从自我做起。天道酬勤，只要心存信念，总会迎来全新的拐点。

不懂商机场景，方向错了只会越努力越失败。批评别人容易，反省自己难。如果一个人每天更多的是反省自己而不是批评别人，那这个人的一生一定不会很差。

不朽的精神意志

　　"历史鬼才"度阴山在写《成吉思汗：意志征服世界》时，深入研究，惊讶地发现，成吉思汗不仅不识字，而且受到的教育极少；还厄运连连，曾4次差点饿死、3次被追杀亡命、2次全军覆没、3次众叛亲离，但他每次都在绝境中卷土重来，率领子孙打下了世界历史上最庞大的帝国——大蒙古。比智慧更强大的是意志，要不是有足够强大的意志支撑，成吉思汗极难获得如此大的成就。

　　伟大的科学家爱因斯坦在留给女儿的信中指出宇宙中一切物质都不存在，唯有精神永恒！这种永恒的精神就是爱，利他、利万物的爱是宇宙发展的原动力。在这个原动力的推动下，太极的宇宙世界不断向前发展，即使是遇到再大的难题，即使是全球经济低迷，宇宙和人类也在不断地向前发展。

　　古希腊著名哲学家苏格拉底无论生前死后，都有一大批狂热的崇拜者和一大批激烈的反对者。但是几千年过去了，他作为西方哲学的奠基者，其哲学思想已然源远流长。

老子《道德经》说得好："天长地久。天地所以能长且久者，以其不自生，故能长生。是以圣人后其身而身先，外其身而身存。非以其无私邪（yé）？故能成其私。"世间万物大象无形，一切实体都是虚幻的，唯有精神灵魂不朽。生命是什么？生命是造物主以不同的形式、不同的方式将各个不同的属性以不同的尺度错落有致地构成后呈现在人世间。人生来都是一个唯一的个体，但这个唯一的"我"都要朝着"无我"的造物主的高度，永无止境地修行和进步。每个人都是不同程度的造物主，每一个"我"的终极目标都是同一个"我"——造物主。所以，悟透这些真理的人明白：本质上，真正的"我"最终是在为这个人世间做奉献。我们之所以要关爱老弱病残等社会弱势群体，是因为帮助他们就是在照顾另一个我们，"圣人不积，既以为人，己愈有；既以与人，己愈多。天之道，利而不害。圣人之道，为而不争。"

"知人者智，自知者明。胜人者有力，自胜者强。知足者富，强行者有志，不失其所者久，死而不亡者寿。"人的肉体也不过是身外之物，不灭的是基于宇宙自然的灵魂、思想、意志、思维方式。老子、爱因斯坦、苏格拉底为何能名垂千古？不是他们创造了多大的物质财富，而是他们在世期间留下的思想精神在特定的历史阶段给世界做出了超越时间的奉献。直到今天，人类还能够去追忆，去学习他们，修正思想，让自己更加优秀，更好地回报社会。

为学日益，为道日损

老子《道德经》第四十八章：

为学日益，为道日损。损之又损，以至于无为。无为而无不为。取天下常以无事，及其有事，不足以取天下。

人类一直喜好征服世界，喜好战胜别人，但又有几个人能够战胜自己，能够认识人类本身的内心世界？读书不在于多，若不能参透本质、不能知行合一，就如同老子所说的"为学日益"，只有真正悟透事物的本质，并做到知行合一才是老子所说的"为道日损"。否则读再多的书，没有参透本质，认知还处于粗浅层面，不过是"白读书"（闽南话），所以说"为学日益"。而即便目不识丁，若能通过一花一草悟透本质，也会有成就，所以说"为道日损"。正所谓"不行而知，不见而名，不为而成"，这正是我们感悟宇宙自然规律的最高境界。

大成若缺，大盈若冲

　　苹果公司的 Logo——被咬了一口的苹果，非常简单，简单到壮美。它让我想到了老子《道德经》中的一句话——"大成若缺，其用不弊！"

　　月尚有阴晴圆缺，同样金无足赤、人无完人。而世人总是追求完美，忘记了月盈则亏，水满则溢，忽视了残缺的存在，轻视了残缺的作用，无视了残缺的意义。残缺，可能会让我们失望、痛苦、遗憾。但若换一个角度看待残缺，换一种思维感悟残缺，则是残缺让我们感受到世间万物的变幻，让我们领悟并懂得完美的珍贵，是残缺造就了别样的美丽。

　　真正伟大的优秀事物总是残缺的，因为只有残缺才能有空杯的心态，才能永无止境地改进自己。如果一个人或组织总认为自己最优秀，便容易故步自封，不能与时俱进，不能超越时代潮流不断发展，而残缺更能推动进步。

贝多芬26岁（1796年）时听力开始减弱，到56岁听力完全丧失，其间他凭着对生活的爱和对艺术的执着追求战胜了个人的苦痛和绝望，化成动力扼住了命运的喉咙，在痛苦中仍然顽强地坚持创作出了《第一交响曲》至《第九交响曲》9大交响曲，以及《英雄交响曲》《月光》《欢乐颂》等35首钢琴奏鸣曲及小提琴、弦乐四重奏、艺术舞曲、室内乐曲等悦耳动心之曲，由此今天的我们才能听到"乐圣"留给世人的美妙的天籁之音。

从古至今，从中到外，还有众多身残志不残的人创造了辉煌，是残缺教会了人在逆境中勇敢成长；是残缺教会了人在痛苦中坚强上进；是残缺激发了人的毅力和潜能；是残缺激励着人往更远更高的山峰攀登。

时时刻刻怀有残缺之心，才能完美；无知，才能有知；无我，才能有我；无形，才能有形。

贵以贱为本，高以下为基

老子《道德经》第三十九章：

昔之得一者：天得一以清；地得一以宁；神得一以灵；谷得一以盈；万物得一以生；侯王得一以为天下正。

其致之也，天无以清，将恐裂；地无以宁，将恐废；神无以灵，将恐歇；谷无以盈，将恐竭；万物无以生，将恐灭；侯王无以正，将恐蹶。

故贵以贱为本，高以下为基。是以侯王自谓孤、寡、不毂。此非以贱为本邪？非乎！故至誉无誉。是故不欲琭琭如玉，珞珞如石。

汉代许慎的《说文解字》云："玉，石之美。"玉出于石而胜于石，玉为石诗。一块玉的形成条件极其复杂，来自地下几万米深处的高温熔化的岩浆，沿着裂缝涌到地球表面，冷却后成为坚硬的石头，再经过万年甚至数万年之久，在自然的阴阳平衡中缓慢地玉化。玉基于石，在艰辛的环境中转化而来，最终成为美丽的璞玉。同样，不论多伟大的组织，皆以"下"为基础，才能成就其辉煌；不论多有名的人物，皆以百姓的"（贫）贱"为基础，才能成就其尊贵。

任何企业，不论财富还是名誉都来自千千万万的百姓，都以他们的"（贫）贱"为基础，所以得财富者应当承担起应有的社会责任。正所谓："江海之所以能为百谷王者，以其善下之，故能为百谷王。是以欲上民，必以言下之；欲先民，必以身后之。是以圣人处上而民不重，处前而民不害。是以天下乐推而不厌。以其不争，故天下莫能与之争。"